반야심경, 무슨 말을 하고 있나

반야심경, 무슨 말을 하고 있나

관정 지음

알아차림

산스크리트어본과 8종의 한역본으로 번역한 〈반야심경〉

〈반야바라밀다심경〉
〈지혜 완성의 핵심을 말해주는 경〉
〈지혜를 완성하는 수행방법의 핵심을 말해주는 경〉

관찰에 통달한 관자재보살이 존재의 다섯 요소[오온]를 관찰해가며, 깊은 지혜를 완성하는 수행에 전념하고 있을 때, 그것들은 다 실체가 없는 것들[空공]임을 꿰뚫어보고, 모든 괴로움에서 벗어나게 되었다.

[이 때 사리불 존자가 부처님의 불가사의한 힘에 의해 합장 공경하고, 관자재보살에게 물었다. "만약 선남자가 깊은 지혜를 완성하는 수행을 하려고 하면, 어떤 방법으로 수행해야 합니까?" 이렇게 묻자, 관자재보살이 말했다. "사리불 존자여, 만약 선남자 선여인이 깊은 지혜를 완성하는 수행을 하려고 하면, 존재의 다섯 요소를 관찰하여, 그것들은 다 실체가 없는 것들임을 꿰뚫어봐야 합니다."]¹

---

1   [ ] 안의 내용은 〈반야심경〉이 전래되는 과정에서 누군가 빼버린 것을 필자가 복원해 넣은 것이다. 복원은 지혜륜이 한역한 〈반야심경〉의 다음과 같은 내용을 번역해 넣었다. "卽時具壽舍利子。承佛威神。合掌恭敬。白觀世音自在菩薩摩訶薩言。聖者。若有欲學甚深般若波羅蜜多行。**云何修行**。如是問已。爾時觀世音自在菩薩摩訶薩。告具壽舍利子言。舍利子。若有善男子。善女人。行甚深般若波羅蜜多時。應照見五蘊自性皆空。離諸苦厄。" 이 내용은 총 8종의 〈반야심경〉 한역본들 중에서 구마라집 한역본과 현장의 한역본, 의정의 한역본에만 빠져 있다. 나머지 5개의 한역본에는 이런 내용이 다 들어 있다. 누가 이 내용을 뺐는지 모르지만 인도에서 뺐을 가능성이 높다. 왜냐하면 유일하게 남아 있는 소본 〈반

사리불 존자여! 몸의 물질현상[色색]은 실체가 없는 것[空공]과 다르지 않고, 실체가 없는 것[空공]은 몸의 물질현상[色색]과 다르지 않습니다. 몸의 물질현상[色색]은 실체가 없는 것[空공]이고, 실체가 없는 것[空공]이 몸의 물질현상[色색]입니다. 몸의 물질현상[色색]과 마찬가지로 느낌[受수], 인식[想상], 업 지음[行행], 식별작용[識식]도 또한 실체가 없는 것들입니다.

사리불 존자여! 이 모든 존재가 다 소멸된 적멸상태엔 일어나는 것도 없고, 사라지는 것도 없습니다. 또 더러움도 없고, 더러움에서 벗어난 것도 없으며, 부족함도 없고, 완전함도 없습니다.[2]

그러므로 적멸상태엔 몸의 물질현상도 없고, 느낌, 인식, 업 지음, 식별작용도 없습니다. 또 눈, 귀, 코, 혀, 피부, 의식 등의 감각기관도 없고, 형상, 소리, 냄새, 맛, 촉감, 마음에서 일어났다가 사라지는 것들[法법]도 없습니다. 또 '눈'이라는 요소에서부터 '의식의 식별작용'이라는 요소에 이르기까지 그 어떤 인식작용의 구성요소도 없습니다. 또 무명(無明)도 없고, 무명이 다 소멸된 것도 없으며, 내지 늙고 죽는 것도 없고, 늙고 죽는 것이 다 소멸된 것도 없습니다. 괴로움도 없고, 괴로움의 원인도 없으며, 열반도 없고, 열반에

야심경〉인 법륭사의 산스크리트어 사본에 이 내용이 빠져 있고, 법륭사의 산스크리트어 사본은 8세기에 인도에서 필사된 것으로 판명되었기 때문이다. 그러나 필자는 중국에서 이 부분을 뺐을 가능성을 완전히 배제할 수는 없다고 본다. 왜냐하면 중국에서 〈법구경〉과 〈반야심경〉을 한문으로 번역하면서 그 뜻이 제대로 전달되지 못하도록 만들기 위해 의미를 조작해 놓은 부분이 여러 군데서 발견되기 때문이다. 필자는 〈법구경〉을 한역(漢譯)하면서 지혜 "慧(혜)" 자로 번역해야 할 것을 복 "福(복)" 자로 번역해 놓은 것을 여러 군데서 발견할 수 있었다. 중국에서는 지혜를 완성하는 불교보다는 복덕을 닦는 불교를 지향하기 위해 의미를 왜곡해 놓았다고 볼 수 있다.

2   이 부분은 잘못 한역된 것들을 바로잡은 뒤에 우리말로 번역한 것이다.

이르는 길도 없습니다. 또 지각작용[智지]도 없고, 의식의 대상을 취하는 것[得득]도 없습니다. 의식의 대상을 취하는 것이 없음으로써 깨달음을 추구하는 중생은 지혜를 완성하는 수행법에 의해 삼매에 들어 있기 때문에 마음에 걸림이 없습니다. 마음에 걸림이 없기 때문에 두려움이 없으며, "나"라는 잘못된 인식에서 영원히 벗어나서 열반을 성취합니다.

관자재보살뿐만 아니라 과거, 현재, 미래세의 모든 부처님들도 다이 지혜를 완성하는 수행법에 의해 최상의 완전한 깨달음을 성취합니다. 그러므로 지혜를 완성하는 수행법은 대단히 신묘(神妙)하고도 밝은 방법이고, 그 어떤 것과도 비교할 수 없는 최고의 방법이며, 실제로 모든 괴로움을 다 없앨 수 있기에 거짓말이 아님을 알아야 합니다.

지혜완성의 진실한 말씀[眞言,呪주]을 말하면 다음과 같습니다.
「가신 분이시여! 가신 분이시여! 열반으로 가신 분이시여! 적멸과하나 되어 열반으로 가신 분이시여! 깨달음을 믿습니다.」

머리말

이 책의 저술목적은 필자가 제대로 번역한 〈반야심경〉을 내보임으로써 〈반야심경〉 뜻을 전하는 데 있다.

〈반야심경〉은 "팔만대장경의 핵심경전"이라고 말한다. 왜냐하면 〈반야심경〉은 대승불교 경전이지만, 260자의 짧은 경문 안에 부처님 가르침의 핵심을 담고 있는 경이기 때문이다.

〈반야심경〉은 옛날부터 중국, 한국, 일본, 티베트 등지에서 가장 많이 독송돼온 경이지만 그 뜻을 알려고 하면 매우 어렵다. 왜냐하면 번역이 제대로 되어 있지 않았기 때문이다. 산스크리트어 〈반야심경〉 자체가 "제법(諸法)", "공(空)" 등의 단어를 써서 매우 함축적으로 표현되어 있어서 해독이 어렵다. 게다가 산스크리트어 〈반야심경〉을 한문으로 번역하면서 그 뜻이 제대로 전달되지 못하도록 번역해 놓았고, 또 그런 한문 〈반야심경〉을 우리말로 번역하면서 무슨 말인지 알 수가 없는 말로 번역해 놓았다. 〈반야심경〉은 번역만 제대로 해 놓으면 결코 난해한 경이 아니고, 크게 해설을 필요로 하는 경도 아니다. 〈반야심경〉은 지금까지 해설서가 수백 종이 나와 있지만, 그 어느 것도 〈반야심경〉 뜻을 제대로 전하고 있는 책은 없다고 본다.

필자가 누구나 쉽게 이해할 수 있는 말로 〈반야심경〉을 번역해야겠다고 작심한 뒤에 작업에 들어갔다. 작업 중 다음과 같은 놀라운 사실을 발견했다. 현재 우리가 독송하고 있는 한문 〈반야심경〉은 중국에서 번역하는 과정에서 번역자가 소속한 종파의 종지(宗旨)

에 맞지 않는 내용은 그 뜻을 알 수 없도록 번역해 놓았거나 다른 뜻으로 번역해 놓았거나 아니면 아예 그 내용을 빼버린 부분이 10여 군데나 되었다. 그래서 지금까지 우리가 독송하고 있는 한문 및 우리말〈반야심경〉으로는 경의 메시지를 전해 받을 수 없었다.

〈반야심경〉은 깊은 지혜를 완성하는 수행방법을 말해주는 경이고, 반야의 존재와 반야를 통해 도달될 수 있는 적멸의 존재, 적멸을 성취했을 때의 상태 등을 말해주는 경이다. 하지만 현재 우리가 독송하고 있는〈반야심경〉에는 지혜를 완성하는 수행방법에 대한 안내가 없다.

이 책은〈반야심경〉의 산스크리트어본과 8종의 한역본을 연구하여, 한문〈반야심경〉에서 잘못 번역된 부분들을 바로잡은 뒤에 그것을 이해하기 쉬운 말로 번역한 것이다. 필자는 가능한 한 자의적인 해석을 지양하고,〈반야심경〉의 산스크리트어본과 8종의 한역본과〈아함경〉,〈유마경〉,〈중론〉,〈구사론〉,〈유식론〉등 다양한 불교의 경론(經論)을 참고하여,〈반야심경〉의 정확한 뜻을 찾아내려고 노력하였다.

15년이 걸려서 책을 다 쓰고 보니 분량이 너무 많다.(약 800쪽) 그래서 일반 불자들이 부담 없이 읽을 수 있도록 간략하게 원고를 간추려서〈반야심경〉이 우리에게 무슨 말을 해주고 있는지를 알 수 있도록 이 작은 책을 함께 펴낸다. 아무쪼록 이 책이〈반야심경〉을 이해하는 데 도움이 되었으면 한다. 글재주가 없고, 학문이 깊지 않은 소승이 부처님 말씀에 대한 신심 하나만으로 과분한 주제를 다루었다는 느낌을 떨칠 수가 없다. 이 책을 읽다가 혹시 필자가 잘못 보고 있는 것이 있으면, 바로잡아주시기 바랍니다. 끝으로 이 책이 나오기까지 수차에 걸쳐서 원고를 교정해준 김양재, 이성균 거사님과 이 책의 편집디자인을 맡아주신 정병규 선생님께 고마움을 표합니다. 그리고 이 책의 번역·출판불사(佛事)에 동참한 여러 불제자님들께 불은(佛恩)이 가득하길 빕니다.

나무석가모니불
2021년 가을
양산 통도사 금수암에서 관정(觀頂) 합장

추천하는 말 제 1. 보신 스님

관정 스님이 〈대승기신론 속의 사마타와 위빠사나〉, 〈걷기명상〉 등에 이어서 이번에 또 중요한 작업을 하나 해냈다. 〈반야심경〉의 새로운 번역이 그것이다. 관정 스님은 이 책을 통해 그동안 이해하기 어려웠던 〈반야심경〉의 뜻을 명쾌하게 다 드러내어, 무슨 말인지 알 수 있도록 번역해 놓았다.

이 책에서 여태껏 번역자에 따라 다른 뜻으로 번역돼오거나 무슨 말인지 알 수가 없는 말로 번역돼오던 '반야바라밀다', '오온', '색(色)', '수(受)', '상(想)', '행(行)', '식(識)', '공(空)', '제법(諸法)' 등의 불교전문용어를 깔끔하게 다 번역해 놓았고, '시제법공상(是諸法空相)', '불생불멸(不生不滅)', '무고집멸도(無苦集滅道)', '시대신주(是大神呪)' 등의 뜻을 명료하게 다 밝혀낸 점은 "대단한 성과"라고 하지 않을 수 없다.

관정 스님의 〈반야심경〉 번역문에는 이해가 되지 않는 말이 없고, 각 문장의 의미가 잘 연결되어서 물 흐르듯이 흘러간다. 이것은 관정 스님이 〈반야심경〉을 제대로 번역했다는 것을 말해준다. 스님은 연구에 연구를 거듭하여, 모든 내용을 알기 쉬운 말로 번역해 놓았다. 관정 스님이 번역한 〈반야심경〉을 접하면 우리가 알고 있던 〈반야심경〉과 완전히 다른 내용이 되어버린다. 여태껏 그 어떤 〈반야심경〉의 번역도 이런 뜻으로 해석한 것이 없었고, 이렇게 분명한 언어로 번역한 것도 없었다. 〈반야심경〉이 408년에 처음 한문으로 번역된 이후 최초로 그 뜻이 온전하게 드러나는 순간이 아닌가 한다.

2021년 봄
나무불법승
방어산 은둔사문 普信(보신) 합장

추천하는 말 제2. 법상 스님

약 한 달 전에 저녁 늦게 부산 대원정사에 도착하니 메모가 남겨져
있었다. 내가 모르는 관정 스님이라는 분이 찾아뵙고자 한다는 것
이었다. 다음 날 아침에 내가 전화를 했다. 스님의 용건은 반야심
경에 대한 책을 출판할 것인데, 원고를 한 번 봐달라는 것이었다.
10일 후에 만나기로 했다. 만나기 일주일 전에 원고가 도착했다.
그것을 읽어보니 반야심경을 완전히 새롭게 해석하여 번역한 것
이었다. 관정 스님이 번역한 반야심경을 읽으니, 그 뜻이 쉽게 와
닿았다. 해석의 논리가 탄탄했다. 소승(小僧)도 이 책을 통해 반야
심경에 대한 새로운 사실을 많이 알게 되었다.
반야심경은 모르는 사람이 없을 정도로 불교를 대표하는 경이지
만, 일반인들이 보기에는 뜻이 어려워서 접근하기가 쉽지 않았다.
하지만 관정 스님이 번역한 반야심경이 나오게 됨으로써 반야심
경에 대한 거의 모든 의문이 깔끔하게 해결된 것이 아닌가 한다.
관정 스님은 단순히 반야심경을 정확하고도 쉬운 말로 번역했을
뿐만 아니라, 산스크리트어 반야심경과 8종의 한역본을 연구하
여, 반야심경을 한문으로 번역할 때 잘못 번역한 것들을 모두 바로
잡았고, 많은 대소승의 경론을 연구하여 반야심경의 정확한 뜻을
찾아내려고 노력하여, 끝내 다 찾아낸 것을 보면, 스님의 전문성

과 성실성이 돋보인다. 그러면서도 이 책은 공론(空論)을 전개하는 철학서가 아니라 반야지혜를 완성할 수 있는 수행방법을 말해주는 실용서이다. 이런 깊은 통찰과 한문 반야심경의 이역본(異譯本) 연구와 산스크리트어본의 연구 등을 통한 원전비평을 담은 책이 보다 일찍 세상에 나왔더라면, 소승(小僧)이 집필했던 반야심경의 해설서도 좀 수월하지 않았을까 하는 생각이 든다.

"경전의 정확한 번역"이라는 화두를 오래 들어서 잉태되어 나온 이 책처럼 앞으로 대소승의 다양한 경론에 대해서도 이와 같은 연구와 결실이 계속될 수 있기를 기대해 본다. 오랜 세월 연구해 오신 관정스님의 노고에 깊은 감사와 찬탄을 보내며, 한국불교의 발전을 위해 계속 정진해주시길 부탁드려 본다.

2021년 10월
대원정사 주지 법상[3] 합장

3 한국의 역대 〈반야심경〉 해설서 중 다년간 꾸준히 가장 많이 판매된 책은 법상 스님의 〈반야심경과 마음공부〉일 것이다. 위의 추천사를 쓴 법상 스님은 2005년 "올해의 불서"로 선정된 〈반야심경과 마음공부〉의 저자이다. 스님은 유튜브 목탁소리의 지도법사로 계시면서 한국의 수많은 불자들에게 괴로움에서 벗어날 수 있는 길을 안내해주고 있다. 법상 스님은 위의 책 외에도 〈선어록과 마음공부〉,〈반야심경과 선공부〉,〈금강경과 마음공부〉,〈불교경전과 마음공부〉,〈육조단경과 마음공부〉,〈마음공부 이야기〉,〈붓다수업〉,〈눈부신 오늘〉등 20몇 권의 저서가 있다.

추천하는 말 제3. 전재성 박사

관정 스님께서 대승권에서 일상적 예경지송이지만 실로 난해하기 짝이 없는 반야심경을 현장역본의 오리지널 범본과 8종의 한역본을 연구하고, 초기경전을 비롯한 다양한 경론의 토대위에 쉬운 말로 번역하고 해설한 것은 반야심경 연구에 한 획을 긋는 역사적인 사건이다.

퇴현 전재성[4] 합장

추천하는 말 제4. 최재목 교수

한창 〈반야심경〉 강의에 열중하고 있던 때 평소 존경하는 북디자이너 정병규 선생님을 만나 식사와 함께 담소를 나누었다. 선생님

---

4 전재성 박사(1953년생)는 서울대학교를 졸업했고, 한국대학생불교연합회 회장을 역임했다. 동국대학교 인도철학과에서 석사학위를 취득한 뒤 독일의 본대학교 대학원에서 다년간 인도학과 티베트학을 연구하였고, 동국대학교 불교대학원 인도철학과에서 박사학위를 받았다. 중앙승가대학 교수로 재직했고, 1999년에 한국 최초로 〈상윳따 니까야〉를 번역, 출판한 것으로 시작해서 빨리어 삼장을 전부 다 번역했을 뿐만 아니라 산스크리트어 한글사전, 산스크리트어 문법, 빠알리 한글사전, 티베트어 한글사전 등 수많은 불전을 번역하거나 저술하여, 당나라 현장법사 이후 세계에서 가장 많은 불경을 번역한 사람 중 한 명이다. 1996년부터 지금까지 한국 빠알리 성전협회 회장을 맡고 있다.

께서 관정 스님의 〈반야심경〉 책 편집디자인 작업을 하고 있는데, 그 원고를 한 번 살펴보면 어떻겠느냐고 말했다. 그 후 관정 스님과 연락이 되어, 원고를 좀 보고 싶다고 하니 스님은 기꺼이 방대한 원고를 출력해서 보내주었다. 원고를 받았을 때는 이미 강의가 다 끝나가는 시점이라 매우 아쉬웠다.[5]

관정 스님은 원고를 읽으면서 혹시 잘못 본 것이나 문제가 될 수 있는 내용이 없는지 한 번 봐달라고 부탁하였다. 금년 2월중에 미뤄두었던 원고를 재미있게 읽고 이런저런 조언도 메모해가며, 〈반야심경〉에서 많은 시사와 새로운 이해의 기회를 얻을 수 있어 감사하게 생각하였다.

뒤에 알게 되었지만, 그동안 관정 스님은 〈걷기명상〉 등 좋은 저술을 출간해 온 터였다. 이번 작업은 자그마치 16여 년간의 폭넓고 깊이 있는 연구로, 현재 한국 등에서 통용되고 있는 〈반야심경〉의 오류를 모두 바로잡았을 뿐만 아니라 반야심경 내용을 상세하고도 알기 쉽게 역해한 것이다.

대승불교의 가르침을 260자의 핵심내용으로 축약한 한역(漢譯) 〈반야심경〉은 내용이 간단명료한 듯이 보이지만 사실은 매우 복잡, 심오하여, 난해하다. 그 까닭은 애당초 삼장법사 현장이《대반야바라밀다경》600권의 대본을 단 1권 260자의 소본으로, 즉 대승불교의 핵심을 1/600로 축약해낸 것 자체가, 이미 많은 것을 감추어버린 신비한 작업이었기 때문이다.

관정 스님은 〈반야심경〉의 산스크리트어본과 8종의 한역본(漢譯

---

5 참고로 이 강의는 대구〈현대백화점〉문화강좌에서 일반인을 상대로 하는 고전 강의의 하나로, 2021년 12월에 시작하여 2022년 2월에 마친 5차례의 특강이었다.

本)을 대조해가며, 그 오류를 바로잡았고, 한역하면서 빼버린 부분을 복원해냄으로써 〈반야심경〉의 원래 뜻을 온전히 살려내어서 알기 쉬운 말로 번역하고 해석해내는 놀라운 성과를 거두었다. 이것은 단순한 '텍스트 비판'을 넘어서 〈반야심경〉을 이해해온 중국사상사의 맥락(전후사정)이나 현재를 살아가는 우리 삶 차원의 맥락까지 상세히 조망하는 이른바 '콘텍스트적인 작업'도 겸하고 있다.

아마도 이 책은 우리나라 〈반야심경〉 역해사(譯解史)에서 기념비적인 의의를 가질 것이며, 적지 않은 반향을 불러일으킬 것으로 보인다. 이를 계기로 국내외의 〈반야심경〉 번역 수준이 한 층 더 정교해질 것이라 확신한다.

영남대학교 철학과 교수 돌돌(乭乭) 최재목(崔在穆)[6] 합장

---

6 최재목 교수(1961년생)는 영남대학교 철학과를 졸업했다. 동대학원에 진학 후 일본 츠쿠바(筑波)대 대학원 철학사상연구과에 유학하여, 문학석사·문학박사 학위를 받았다. 현재 영남대학교 철학과 교수로 재직 중이다. 동양철학(양명학)이 전공이지만 동아시아사상문화비교 및 노장, 불교연구도 겸하고 있다.

그동안 미국 하버드대 Visiting Scholar/동경대 객원연구원/북경대 방문학자/라이덴대 객원연구원/절강이공대 객원교수를 역임했다. 현재 영남퇴계학연구원의 원장을 맡고 있고, 한국양명학회 회장 및 한국일본사상사학회의 회장을 역임했다. 저서로는『동아시아의 양명학』,『내 마음이 등불이다: 왕양명의 삶과 사상』,『양명심학과 퇴계학』,『동아시아 양명학의 전개』,『노자』,『상상의 불교학』,『동양철학자 유럽을 거닐다』등 다수의 저역서가 있다. 그 중『동아시아 양명학의 전개』는 일본어판이 최초로 출판된 뒤에 대만에서 그 것을 중국어로 번역 출판하고, 이어서 한국어로 번역 출판했는데, 최근 한국어판을 근거로 보완하여 중국 대륙에서 번역 출판하였다

추천하는 말 제 5. 이종환 교수

유사 이래 인류가 남긴 최고의 내용인 『반야심경』!

팔만대장경의 핵심 경전인 『반야심경』!

260자 문자는 종교의 차원을 넘어서 전인적인 사유의 세계를 밝혀 주고 있다.

관정 스님의 이 책은 심혈을 기울인 대작이다.

선행 출판된 『반야심경』 관련 서적에서 볼 수 없는 방대한 자료를 인용하고 있다.

연구자로서 관정 스님의 진지한 면모를 유감없이 보여주고 있다.

『현장 법사 번역본』. 『구마라집의 한역본』 등 8종의 반야심경 한역본을 모두 다 번역해 놓았고, 난해한 반야심경을 쉬운 말로 번역했다. 오랜 기간의 선(禪)수행과 불전의 이역본 연구를 통해 다져진 관정 스님의 과학적인 해석력이 돋보인다.

『반야심경』 관련 책은 일본에서도 많이 출판된다. 관정 스님의 반야심경의 번역은 일본의 그 어떤 책보다 정확하고도 명료하게 번역된 것으로 보인다.

경북대학교 일어일문학과 명예교수 이종환[7] 합장

---

7 한국외국어대학교 일본어과 졸업, 부산대학교 교수직을 사표내고, 일본 중앙中央대학교에서 일본문학 박사학위를 받았다. 경북대학교 일어일문학과 교수 정년퇴직 후 현재 경북대학교 명예교수로 있으면서 대구사회문화대학 부학장을 맡고 있다.

차례

제1장
〈반야심경〉의 번역본들

옛날 인도의 〈반야심경〉은 다 나뭇잎에 손으로 베껴 쓴 것들이다. 이것을 산스크리트어본 〈반야심경〉이라고 한다. 산스크리트어본 〈반야심경〉을 한문으로 번역한 것을 한역본 〈반야심경〉이라고 하는데, 이것은 총 **8종**[8]이 있다. 〈반야심경〉은 머리 부분과 몸통 부분, 꼬리 부분을 다 갖춘 대본(大本)과 머리 부분과 꼬리 부분이 없고, 몸통부분의 일부 내용이 빠져 있는 소본(小本)이 있다. 처음 번역된 3개의 한역본은 소본이고, 713년 이후에 번역된 5개의 한역본은 다 대본이다. 현재 우리가 독송하고 있는 한문 〈반야심경〉은 소본이고, 이것은 현장(玄奘)이 한역한 것이다. 산스크리트어본에서 번역된 것은 한역본과 티베트어본, 영역본, 일본어본 등이 있다.

---

8 〈반야심경〉의 한역본들은 〈신수대장경〉 제8권에 수록되어 있다. 총8종의 한역본 중 구마라집의 한역본과 의정(義淨)의 한역본은 〈신수대장경〉에 수록되어 있지 않다. 그러나 해인사 〈고려대장경〉에는 구마라집의 한역본이 수록되어 있다.

1. 현장이 한역한 〈반야심경〉

〈반야바라밀다심경〉
　般若波羅蜜多心經

당삼장법사현장역
唐三藏法師玄奘譯

관자재보살 행심반야바라밀다시 조견오온개공 도일체고액
觀自在菩薩 行深般若波羅蜜多時 照見五蘊皆空 度一切苦厄

사리자 색불이공 공불이색 색즉시공 공즉시색 수상행식 역부여시
舍利子 色不異空 空不異色 色卽是空 空卽是色 受想行識 亦復如是

사리자 시제법공상 불생불멸 불구부정 부증불감
舍利子 是諸法空相 不生不滅 不垢不淨 不增不減

시고 공중무색 무수상행식
是故 空中無色 無受想行識

무안이비설신의 무색성향미촉법 무안계내지무의식계
無眼耳鼻舌身意 無色聲香味觸法 無眼界乃至無意識界

무무명 역무무명진 내지무노사 역무노사진
無無明 亦無無明盡 乃至無老死 亦無老死盡

무고집멸도 무지역무득
無苦集滅道 無智亦無得

이무소득고 보리살타 의반야바라밀다고 심무괘애
以無所得故 菩提薩埵 依般若波羅蜜多故 心無罣碍

무괘애고 무유공포 원리전도몽상 구경열반
無罣碍故 無有恐怖 遠離顚倒夢想 究竟涅槃

삼세제불 의반야바라밀다고 득아뇩다라삼먁삼보리
三世諸佛 依般若波羅蜜多故 得阿耨多羅三藐三菩提

고지반야바라밀다 시대신주 시대명주 시무상주 시무등등주
故知般若波羅蜜多 是大神呪 是大明呪 是無上呪 是無等等呪

능제일체고 진실불허
能除一切苦 眞實不虛

고설반야바라밀다주 즉설주왈
故說般若波羅蜜多呪 卽說呪曰

「아제아제 바라아제 바라승아제 모지사바하」(세번)
　揭諦揭諦 婆羅揭諦 婆羅僧揭諦 菩提娑婆訶

2. 조계종 표준 〈한글 반야심경〉

위의 현장이 한역한 〈반야심경〉을 대한불교조계종에서는 다음과 같이 번역해 놓고 이것을 "조계종 표준 〈한글 반야심경〉"[9]이라고 한다. 다음 〈한글 반야심경〉을 읽으면서 무슨 말인지 뜻을 분명하게 알 수 없는 부분에 밑줄을 쳐보자.

〈마하반야바라밀다심경〉

관자재보살이 깊은 반야바라밀다를 행할 때, 오온이 공한 것을 비추어 보고 온갖 고통에서 건너느니라.

사리자여! 색이 공과 다르지 않고, 공이 색과 다르지 않으며, 색이 곧 공이요 공이 곧 색이니, 수 상 행 식도 그러하니라.

사리자여! 모든 법은 공하여 나지도 멸하지도 않으며, 더럽지도 깨끗하지도 않으며, 늘지도 줄지도 않느니라.

그러므로 공 가운데는 색이 없고 수 상 행 식도 없으며, 안 이 비 설 신 의도 없고, 색 성 향 미 촉 법도 없으며, 눈의 경계도 의식의 경계까지도 없고, 무명도 무명이 다함까지도 없고, 늙고 죽음도 늙고 죽음이 다함까지도 없고, 고 집 멸 도도 없으며, 지혜도 얻음도 없느니라.

얻을 것이 없는 까닭에 보살은 반야바라밀다를 의지하므로 마음에 걸림이 없고 걸림이 없으므로 두려움이 없어서, 뒤바뀐 헛

9   이 조계종 표준 〈한글 반야심경〉은 2011년 9월 20일 대한불교조계종 제 187회 중앙종회에서 종단표준의례 〈한글 반야심경〉 동의안을 가결했고, 동년 10월 5일에 공포했다.

된 생각을 멀리 떠나 완전한 열반에 들어가며, 삼세의 모든 부처님도 반야바라밀다를 의지하므로 최상의 깨달음을 얻느니라.

반야바라밀다는 가장 신비하고 밝은 주문이며 위없는 주문이며 무엇과도 견줄 수 없는 주문이니, 온갖 괴로움을 없애고 진실하여 허망하지 않음을 알지니라. 이제 반야바라밀다주를 말하리라. 아제아제 바라아제 바라승아제 모지 사바하(3번)

우리는 매일 이 〈한글 반야심경〉을 외우지만, 그 뜻은 알 듯 말 듯하면서도 구체적으로 와 닿지 않는다. 왜냐하면 이 〈한글 반야심경〉은 제대로 된 번역이 아니기 때문이다. 번역은 독자가 알아들을 수 있는 말로 해야 한다. 무슨 말인지 알 수가 없는 말로 번역해놓고, "〈반야심경〉은 고도로 함축된 경전이라서 아무리 번역을 잘 해도 무슨 말인지 알 수가 없을 수밖에 없다"고 말하는 사람도 있다. 하지만 이것은 잘못된 말이다.

모든 경에는 그 경을 통해 말해주고자 하는 메시지가 있게 마련이다. 그럼 이 조계종 〈한글 반야심경〉은 우리에게 무슨 말을 해주고 있는가? 공(空)?, 오온개공(五蘊皆空)?, 색즉시공(色卽是空)?, 마음?, 반야?, 없음·무(無)?, 주문? .... 아무리 독해력이 좋은 사람이라도 이 〈한글 반야심경〉을 읽고, 〈반야심경〉의 메시지를 읽어낼 수 있는 사람은 없을 것이다. 왜냐하면 이 〈한글 반야심경〉으로는 〈반야심경〉을 통해 말해주고자 하는 메시지를 찾는 것이 불가능하기 때문이다. 왜 불가능한가? 그 이유는 첫째, 이 번역문에 "반야바라밀다"가 6번 나오는데, 그것이 들어 있는 문장의 의미가 선명하게 전달되지 않기 때문이고[10], 둘째, "오온", "색", "수",

---

10 "반야바라밀다"는 '지혜의 완성'이나 '지혜를 완성하는 수행방법'이라

"상", "행", "식", "공(空)" 등의 불교전문용어를 번역하지 못 하고 그대로 사용함으로써 독자가 그 의미를 해독하는 것이 불가능할 정도로 어렵게 번역되어 있기 때문이며, 셋째, 이 번역문으로는 〈반야심경〉의 스토리나 논지를 파악할 수 없기 때문이고, 넷째, 결정적인 것은 이 〈한글 반야심경〉에는 〈반야심경〉을 통해 말해주고자 하는 경의 핵심내용이 빠져 있기 때문이다. 원래 〈반야심경〉이 우리에게 말해주고자 하는 핵심내용은 공(空)도 아니고, 오온개공(五蘊皆空)도 아니며, 마음, 없음·무(無), 주문도 아니다.[11] 〈반야심경〉은 우리에게 **"깊은 지혜를 완성하는 수행을 하려고 하면, 존재의 다섯 요소[오온], 즉 자신의 몸과 마음에서 일어나고 있는 현상을 관찰해 들어가서 그것들은 다 실체가 없는 것들임을 꿰뚫어봐야 한다"** 고 말해주고 있다. 그런데 이 〈한글 반야심경〉에는 이런 내용이 없다. 왜냐하면 현장이 한역한 〈반야심경〉에 이런 내용이 빠져 있는 것을 그 한문 〈반야심경〉을 교정을 하지 않고 그대로 번역했기 때문이다. 이 조계종 〈한글 반야심경〉을 번역한 사람만이 교정을 하지 않았던 것은 아니다. 지금까지 현장이 한역한 〈반야심경〉을 교정한 사람은 아무도 없었다고 보면 맞을 것이다.

〈반야심경〉을 제대로 번역하기 위해서는 해독이 잘 안 되는 부분이 있으면, 그것이 한문으로 번역될 때 제대로 번역된 것인지를 먼저 확인해야 한다. 필자가 산스크리트어본과 다른 한역본을 통해 확인해 보니, 현장이 한역한 〈반야심경〉은 중대한 결함이 있는 한역본으로 판명되었다. 왜냐하면 현장이 한역한 〈반야심경〉에는 〈

는 뜻이다.
11 중국, 한국, 일본, 티베트 등의 불교에서 거의 모든 해설자들이 "〈반야심경〉은 공(空)을 말해 놓은 것"이라고 말하고 있다.

반야심경〉을 통해 말해주고자 하는 경의 핵심내용이 빠져있을 뿐
만 아니라 다른 부분에서도 없어서는 안 되는 중요한 단어를 3개
나 빼버리고 번역해 놓았기 때문이다. 그래서 이 조계종〈한글 반
야심경〉뿐만 아니라 현장이 한역한〈반야심경〉을 번역한 한중일
의 거의 모든 번역은 앞 뒤 문장의 내용이 연결이 잘 안 되고, 무슨
말을 하고 있는지 알 수가 없는 말로 번역되어 있거나 완전히 엉뚱
한 뜻으로 번역되어 있다.

필자가 현장이 한역한〈반야심경〉에 빠진 것들을 찾아내어서 그
것들을 집어넣어서 다음과 같은 교정본을 내놓는다.

3. 현장이 한역한〈반야심경〉의 교정본

중국, 한국, 일본 등지에서 유통돼온 한문〈반야심경〉은 현장이
한역한 것이다. 이 현장 한역본에는〈반야심경〉의 내용이 전달되
기 위해서는 없어서는 안 되는 중요한 단어 3개와 4개의 문장이 빠
져 있다. 빠진 것들을 집어넣지 않으면〈반야심경〉을 제대로 번역
할 수가 없다. 그래서 필자가 빠진 글자와 문장을 찾아내어서 그것
들을 집어넣어서 이렇게 교정본을 내놓는다. 이 교정본에서 괄호
속의 고딕체로 되어 있는 **行(행), 自性(자성), 卽時舍利弗(즉시사리
불) 운운, 住(주)** 등은 필자가 산스크리트어본과 8종의 한역본을
연구하여, 교정해 넣은 것들이다.[12] 이 부분에서 한문을 잘 모르는

---

12 이 교정본에서 "**無所生無所滅(무소생무소멸) 無垢無離垢(무구무이구) 無
不足無滿足(무부족무만족)**"은 빠진 것들을 집어넣은 것이 아니라 다른 뜻으로
한역해 놓은 것을 산스크리트어 원문과 같은 뜻으로 한역해서 넣은 것이다.

독자는 지금까지 우리가 암송해온 한문 〈반야심경〉에는 빠진 내용이 있어서 그것들을 집어넣어서 번역해야 〈반야심경〉의 뜻이 온전하게 전해질 수 있다는 사실만 알고 넘어가면 된다.

〈般若波羅蜜多心經〉
〈반야바라밀다심경〉

唐三藏法師玄奘譯
당삼장법사현장역

觀自在菩薩行深般若波羅蜜多(行)時 照見五蘊(自性)皆空
관자재보살행심반야바라밀다(행)시 조견오온(자성)개공

度一切苦厄
도일체고액

[即時具壽舍利子。承佛威神。合掌恭敬。白觀世音自在菩薩摩訶薩言。
즉시구수사리자 승불위신 합장공경 백관세음자재보살마하살언

聖者。若有欲學甚深般若波羅蜜多行。云何修行。如是問已。
성자 약유욕학심심반야바라밀다행 운하수행 여시문이

爾時觀世音自在菩薩摩訶薩。告具壽舍利子言。舍利子。
이시관세음자재보살마하살 고구수사리자언 사리자

若有善男子。善女人。行甚 深般若波羅蜜多行時。
약유선남자 선여인 행심 심반야바라밀다행시

應照見五蘊自性皆空。離諸苦厄。
응조견오온자성개공。이제고액][13]

---

13 [ ] 안의 내용은 〈반야심경〉이 인도에서 전래되는 과정이나 중국에서 한역되는 과정에서 누군가 빼버린 것을 필자가 복원해 넣은 것이다. 복원은 지혜륜이 한역한 〈반야심경〉의 문장을 사용했다.

舍利子 色不異空 空不異色 色卽是空 空卽是色 受想行識
사리자 색불이공 공불이색 색즉시공 공즉시색 수상행식

亦復如是 舍利子 是諸法空相 **無所生無所滅**(不生不滅)
역부여시 사리자 시제법공상 **무소생무소멸**(불생불멸)

無垢無離垢(不垢不淨) **無不足無滿足**(不增不減) 是故 空中無色
무구무이구(불구부정) **무부족무만족**(부증불감) 시고 공중무색

無受想行識 無眼耳鼻舌身意 無色聲香味觸法 無眼界乃至
무수상행식 무안이비설신의 무색성향미촉법 무안계내지

無意識界 無無明 亦無無明盡 乃至 無老死 亦無老死盡
무의식계 무무명 역무무명진 내지 무노사 역무노사진

無苦集滅道 無智亦無得 以無所得故
무고집멸도 무지역무득 이무소득고

菩提薩陀依般若波羅蜜多(**住**)故 心無罣碍
보리살타의반야바라밀다(**주**)고 심무괘애

無罣碍故 無有恐怖 遠離顚倒夢想 究竟涅槃
무괘애고 무유공포 원리전도몽상 구경열반

三世諸佛依般若波羅蜜多故
삼세제불의반야바라밀다고

得阿耨多羅三藐三菩提 故知般若波羅蜜多 是大神呪
득아뇩다라삼먁삼보리 고지반야바라밀다 시대신주

是大明呪 是無上呪 是無等等呪 能除一切苦 眞實不虛
시대명주 시무상주 시무등등주 능제일체고 진실불허

故說般若波羅蜜多呪 卽說呪曰
고설반야바라밀다주 즉설주왈

揭諦揭諦 波羅揭諦 波羅僧揭諦 菩提娑婆訶
아제아제 바라아제 바라승아제 모지사바하

위의 교정본에서 고딕체로 되어 있는 내용이 들어가야 하는 이유를 알고자 하는 독자는 필자의 책〈반야심경 정해〉을 읽기 바란다.

4. 제대로 번역한〈우리말 반야심경〉[14]

필자가 교정한 위의 한문〈반야심경〉을 우리말로 번역하면 다음과 같다.

〈지혜를 완성하는 수행방법의 핵심을 말해주는 경〉

관찰에 통달한 관자재보살이 존재의 다섯 요소[오온]를 관찰해 가며, 깊은 지혜를 완성하는 수행에 전념하고 있을 때, 그것들은 다 실체가 없는 것들[쏜공]임을 꿰뚫어보고, 모든 괴로움에서 벗어나게 되었다.

[이 때 사리불 존자가 부처님의 불가사의한 힘에 의해 합장 공경하고, 관자재보살에게 물었다. **"만약 선남자가 깊은 지혜를 완성하는 수행을 하려고 하면, 어떤 방법으로 수행해야 합니까?"** 이렇게 묻자, 관자재보살이 말했다. "사리불 존자여, 만약 선남자 선여인이 깊은 지혜를 완성하는 수행을 하려고 하면, **존재의 다섯 요소[오온]를 관찰하여, 그것들은 다 실체가 없는 것들임을 꿰뚫어봐야 합니다."**][15]

---

14 필자가 오랜 세월동안 각고의 노력으로 번역해 놓은 이 번역의 전부 또는 일부를 필자의 허락없이 인터넷이나 책에 옮기는 것을 금한다.

사리불 존자여! 몸의 물질현상[色색]은 실체가 없는 것[空공]과 다르지 않고, 실체가 없는 것[空공]은 몸의 물질현상[色색]과 다르지 않습니다. 몸의 물질현상[色색]은 실체가 없는 것[空공]이고, 실체가 없는 것[空공]이 몸의 물질현상[色색]입니다. 몸의 물질현상[色색]과 마찬가지로 느낌[受수], 인식[想상], 업 지음[行행], 식별작용[識식]도 또한 실체가 없는 것들입니다.

사리불 존자여! 이 모든 존재가 다 소멸된 적멸상태엔 일어나는 것도 없고, 사라지는 것도 없습니다. 또 더러움도 없고, 더러움에서 벗어난 것도 없으며, 부족함도 없고, 완전함도 없습니다.[16] 그러므로 적멸상태엔 몸의 물질현상도 없고, 느낌, 인식, 업 지음, 식별작용도 없습니다. 또 눈, 귀, 코, 혀, 피부, 의식 등의 감각기관도 없고, 형상, 소리, 냄새, 맛, 촉감, 마음에서 일어났다가 사라지는 것들[法법]도 없습니다. 또 '눈'이라는 요소에서부터 '의식의 식별작용'이라는 요소에 이르기까지 그 어떤 인식작용의 구성요소도 없습니다. 또 무명(無明)도 없고, 무명이 다 소멸된 것도 없으며, 내지 늙고 죽는 것도 없고, 늙고 죽는 것이 다 소멸된 것도 없습니다. 괴로움도 없고, 괴로움의 원인도 없으며, 열반도 없고, 열반에 이르는 길도 없습니다. 또 지각작용[智지]도 없고, 의식의 대상을 취하는 것[得득]도 없습니다. 의식의 대상을 취하는 것이 없음으로써 깨달음을 추구하는 중생은 지혜를

15 각주 1)에서 말했듯이 [ ] 속의 내용은 필자가 산스크리트어본과 8종의 한역본을 연구하여, 복원해 넣은 것이다.

16 이 부분은 현장이 "불생불멸(不生不滅) 불구부정(不垢不淨) 부증불감(不增不減)"으로 번역해 놓은 것을 원문비평에 의해 **"무소생(無所生) 무소멸(無所滅) 무구(無垢) 무리구(無離垢) 무부족(無不足) 무만족(無滿足)"**으로 교정해서 번역한 것이다.

33

완성하는 수행법에 의해 삼매에 들어 있기 때문에 마음에 걸림이 없습니다. 마음에 걸림이 없기 때문에 두려움이 없으며, "나"라는 잘못된 인식에서 영원히 벗어나서 열반을 성취합니다.

관자재보살뿐만 아니라 과거, 현재, 미래세의 모든 부처님들도 다 이 지혜를 완성하는 수행법에 의해 최상의 완전한 깨달음을 성취합니다. 그러므로 지혜를 완성하는 수행법은 대단히 신묘(神妙)하고도 밝은 방법이고, 그 어떤 것과도 비교할 수 없는 최고의 방법이며, 실제로 모든 괴로움을 다 없앨 수 있기에 거짓말이 아님을 알아야 합니다.

지혜완성의 진실한 말씀[眞言,呪주]을 말하면 다음과 같습니다.
「가신 분이시여! 가신 분이시여! 열반으로 가신 분이시여! 적멸과 하나 되어 열반으로 가신 분이시여! 깨달음을 믿습니다.」

이것이 필자가 산스크리트어본과 8종의 한역본을 연구하여, 〈반야심경〉을 제대로 번역한 것이다. 이 번역문에는 이해가 되지 않는 말이 없고, 추상적인 표현도 없다. 지금까지 우리는 〈반야심경〉을 이와 같은 뜻으로 번역하지 못 했다. 필자는 이 번역의 정확도는 98% 이상이라고 본다. 앞으로 이 책은 한문 〈반야심경〉의 각 구절을 어떻게 해서 이와 같은 뜻으로 번역했는지 상세하게 설명해줄 것이다.

지금까지 〈반야심경〉은 무슨 말인지 알아들을 수 있는 말로 번역된 것이 없었다. 왜냐하면 〈반야심경〉을 분명한 언어로 번역하는 것이 매우 어렵기 때문이다. 필자가 〈반야심경〉을 이와 같은 뜻으로 번역하는 데에는 십 년이 훨씬 더 걸렸다. 동서고금의 〈반야심경〉 해설서들을 보면, 무슨 말인지 알 수가 없는 말로 번역해 놓고, 그것을 해설하느라 허언(虛言)을 많이 해 놓았다. 문제의 심각성은 그런 허언에 익숙해져 있고, 부처님께서 말해 놓은 경전을 많이 읽지 않은 독자는 그런 말이 허언인지를 식별할 수 있는 눈이 없다는 데 있다. 〈반야심경〉을 "**공(空)**", "진공묘유(眞空妙有)" 등의 난해한 말로 해설해 놓아야 깊이가 있다고 여기는 사람들도 많다. 그러나 필자는 〈반야심경〉을 해설하면서 난해한 말을 많이 해 놓은 것은 해설자가 아직 〈반야심경〉을 제대로 이해하지 못 했다는 것을 말해주는 것이라고 본다.

여태껏 〈반야심경〉은 우주의 심오한 원리를 말해 놓은 경으로 인식되어 왔다. 사람들은 〈반야심경〉에 매우 심오한 철학이나 현대 물리학 이론이 들어 있기를 기대한다. 하지만 〈반야심경〉의 뜻은 이 이상도, 이 이하도 아니다. 만약 어떤 사람이 〈반야심경〉에서 이 이상의 심오한 진리를 찾는다면, 그것은 토끼의 뿔을 구하는 격일 것이다. 사실 이 〈반야심경〉의 내용보다 더 중요한 내용은 있을 수가 없다. 반야지혜를 완성하는 수행방법 만큼 중요한 정보는 없기 때문이다. 〈반야심경〉이 이런 뜻이라면 〈반야심경〉을 통해 우리에게 말해주고자 하는 메시지는 무엇인가? 〈지혜를 완성하는 수행방법의 핵심을 말해주는 경〉이라는 경(經)의 제목이 말해주고 있듯이 〈반야심경〉은 우리에게 깊은 지혜를 완성하는 수행방법을 말해주고 있다.

부처님의 수행방법을 아는 것은 매우 중요하다. 왜냐하면 제대로 된 방법으로 수행하지 않으면, "오온(자성)개공"[17]의 진리를 깨달을 수가 없기 때문이다. 지혜를 완성하는 수행방법을 모르고 열심히 수행해봐야 반야지혜는 밝아지지 않는다. 불법(佛法)의 눈을 갖

---

17 "오온(자성)개공五蘊(自性)皆空"은 '존재의 다섯 요소[오온]는 다 실체가 없는 것들'이라는 말이다.

춘 사람의 눈으로 보면 많은 불교수행자가 참나를 깨달아야 한다고 말하는 힌두교의 명상이나 단전호흡을 하는 도교의 명상, 또 드물게는 사이비종교의 명상을 하고 있는 것이 현실이다. 그 결과, 그들은 이 곳 저 곳을 헤매고 다니면서 많은 시간을 허비하게 된다. 그들은 대부분 자신이 본 것을 최고라고 여겨서 고집불통이 되거나 사이비종교의 명상에 빠져서 인생이 엉망이 되어 버리기도 한다. 그들은 부처님 깨달음의 내용과 그것을 깨달을 수 있는 수행방법을 모르기 때문에 다른 종교의 명상에 빠지고, 다른 종교의 꼬드김에 넘어간다. 지혜의 완성 없이는 최고의 완전한 깨달음을 성취할 수가 없다. 이런 점을 고려해볼 때 지혜를 완성할 수 있는 수행방법을 말해주고 있는 〈반야심경〉은 팔만대장경 중에서 가장 중요한 경이다.

그럼 〈반야심경〉에서 가장 중요한 단어를 하나 들라고 하면 뭐라고 해야 할까? 우리는 **"관찰"** 또는 **"지혜"**를 들 수 있다. 이 둘 중 어느 하나를 들면 된다. 관찰과 지혜는 같은 것이다. 왜냐하면 관찰을 통해 지혜가 계발되고, 지혜로 관찰하기 때문이다. 관찰은 반야지혜를 계발할 수 있는 유일한 길이고, 불교의 선(禪)수행에 있어서 최우선으로 꼽아야 하는 기술이다.

이와 같이 〈반야심경〉은 불교의 가장 중요한 정보를 담고 있는 경으로서 깊은 지혜를 완성하는 수행방법을 말해주고 있다. 그런데 우리는 〈반야심경〉에서 말하는 지혜가 어떤 것인지 잘 모른다. 이 책은 불교에서 말하는 지혜가 어떤 것인지 알 수 있도록 해줄 것이고, 그런 지혜를 완성할 수 있는 수행방법을 안내해줄 것이다.

제2장
대본 〈반야심경〉을 통한
경의 전체 구조의 이해

현재 우리가 외우고 있는 소본 〈반야심경〉에는 관자재보살과 사리자, 이 두 명의 인물만 나온다. 하지만 대본 〈반야심경〉에는 부처님도 나온다. 그럼 관자재보살과 사리자는 어떤 관계이고, 〈반야심경〉은 누가 누구에게 말해준 내용인가? 현재 우리가 외우고 있는 소본 〈반야심경〉은 경의 머리 부분과 꼬리 부분, 그리고 몸통 부분의 일부 내용을 잘라내 버렸기 때문에 형식이 다른 경들과 다르게 되어 있고, 경의 스토리가 죽어버렸다. 그래서 소본 〈반야심경〉으로는 〈반야심경〉 내용의 구조와 스토리를 이해하는 것이 불가능하다. 〈반야심경〉 내용의 구조와 스토리를 이해하기 위해 "이와 같이 내가 들었다"로 시작하는 대본 〈반야심경〉을 하나 보자.

〈반야바라밀다심경〉
〈지혜를 완성하는 수행방법의 핵심을 말해주는 경〉

당 삼장사문 지혜륜(智慧輪) 한역[18]
사문 관정(觀頂) 한국말 번역

이와 같이 내[19]가 들었다. 한 때 바가범[20]께서는 큰 비구의 무리
와 대보살의 무리와 함께 왕사성 취봉산에 머물고 계셨다. 그 때
세존께서는 '매우 깊고도 밝게 비추어봄'이라는 삼매에 들어 있
었다. 이 때 대중 가운데 관찰에 통달한 '관자재'라는 대보살이
한 명 있었다.

관자재보살이 존재의 다섯 요소[오온]를 관찰해가며, 깊은 지혜
를 완성하는 수행에 전념하고 있을 때, 그것들은 다 실체가 없는
것들[空공]임을 꿰뚫어보았다.[21]

18 당 삼장사문 지혜륜역(唐 三藏沙門智慧輪譯). 지혜륜은 847~859년 사이
에 이 〈반야심경〉을 번역했다.
19 이 때 "나"는 경전을 결집할 때 부처님의 법문내용을 구술한 아난존자이다.
20 바가범(薄我梵)은 산스크리트어 bhagavat(바가바트)의 음을 한자로 표
기한 것이다. bhagavat(바가바트)는 '세존(世尊)'으로 번역되어 있다. 바가범은
고타마 붓다를 비롯한 부처의 지위를 증득한 분을 부르는 호칭 가운데 하나이다.
21 850a12 "時衆中有一菩薩摩訶薩。名觀世音自在。行甚深般若波羅蜜多行時。
照見五蘊自性皆空."이 부분의 산스크리트어 원문은 "거룩한 관자재보살이 존
재의 다섯 요소를 밝게 관찰해가며, 깊은 지혜를 완성하는 수행에 전념하고
있을 때, 그것들은 다 실체가 없는 것들임을 꿰뚫어보았다"는 뜻으로 되어 있
다. "ārya(聖성, 거룩한) Avalokiteśvaro(觀自在관자재) bodhisattvo(菩薩보살)
gambhīrāṃ(深심, 깊은) prajñā(般若반야, 지혜) pāramitā(波羅蜜多바라밀다,
완성) caryāṃ(行행, 수행) caramāṇo(行時행시, 해갈 때) vyavalokayati(明觀명

이 때 사리불 존자가 부처님의 불가사의한 힘에 의해 합장, 공경하고 대보살인 관자재보살에게 물었다. "거룩한 분이시여, 만약 선남자 선여인이 깊은 지혜를 완성하는 수행을 하려고 하면, 어떤 방법으로 수행해야 합니까?" 이렇게 묻자, 대보살인 관자재보살이 사리불 존자[22]에게 말했다. "사리불 존자여! 만약 선남자 선여인이 깊은 지혜를 완성하는 수행을 하려고 하면, 존재의 다섯 요소[오온]를 관찰하여, 그것들은 다 실체가 없는 것들임을 꿰뚫어봐야 합니다. 그러면 모든 괴로움에서 벗어나게 됩니다."[23]

사리불 존자여! 몸의 물질현상[色색]은 실체가 없는 것[空공]과 다르지 않고, 실체가 없는 것[空공]은 몸의 물질현상[色색]과 다르지 않습니다. 몸의 물질현상[色색]은 실체가 없는 것[空공]이고, 실체가 없는 것[空공]이 몸의 물질현상[色색]입니다. 몸의 물질현상[色색]과 마찬가지로 느낌[受수], 인식[想상], 업 지음[行행], 식별작용[識식]도 또한 실체가 없는 것들입니다.[24]

관,밝게 관찰해가며) sma(已이), pañca(五오,다섯) skandhās(蘊온,존재의 구성요소), tāṃś(彼피,those,그것들) ca svabhāva(自性자성,실체)-śūnyān(空공,없음) paśyati(照見조견,꿰뚫어보았다) sma(已이).....)"

22 여기서 "존자(尊者)"는 한역문 "具壽(구수)"를 번역한 것이고, "具壽(구수)"는 산스크리트어 āyuṣmat(아이우스마트)를 번역한 것이다. āyuṣmat(아이우스마트)는 āyus(아이우스, 壽, long life) + smat(스마트, 갖춘, 具足)의 구조로서 具壽(구수), 長老(장로), 慧命(혜명), 大德(대덕), 尊者(존자) 등으로 번역되는 호칭의 경어(敬語)다. 이것은 노사(老師), 존경할만한 분이라는 뜻이다.

23 850a14 "卽時具壽舍利子。承佛威神。合掌恭敬。白觀世音自在菩薩摩訶薩言。聖者。若有欲學甚深般若波羅蜜多行。云何修行。如是問已。爾時觀世音自在菩薩摩訶薩。告具壽舍利子言。舍利子。若有善男子。善女人。行甚深般若波羅蜜多行時。應照見五蘊自性皆空。離諸苦厄"

사리불 존자여! 이 모든 존재가 다 소멸된 적멸상태에는 일어나는 것도 없고, 사라지는 것도 없습니다. 또 더러움도 없고, 더러움에서 벗어난 것도 없으며, 부족함도 없고, 완전함도 없습니다.[25] 그러므로 적멸상태엔 몸의 물질현상도 없고, 느낌, 인식, 업 지음, 식별작용도 없습니다. 또 눈, 귀, 코, 혀, 피부, 의식 등의 감각기관도 없고, 형상, 소리, 냄새, 맛, 촉감, 마음에서 일어났다가 사라지는 것들[法법]도 없습니다. 또 '눈'이라는 요소에서부터 '의식의 식별작용'이라는 요소에 이르기까지 그 어떤 인식작용의 구성요소도 없습니다. 또 무명(無明)도 없고, 무명이 다 소멸된 것도 없으며, 내지 늙고 죽는 것도 없고, 늙고 죽는 것이 다 소멸된 것도 없습니다. 괴로움도 없고, 괴로움의 원인도 없으며, 열반도 없고, 열반에 이르는 길도 없습니다. 또 지각작용[智지]도 없고, 의식의 대상을 취하는 것[得득]도 없습니다.[26] 의식의 대상을 취하는 것이 없음으로써 깨달음을 추구하는 중생은 지혜를 완성하는 수행법에 의해 삼매에 들어 있기 때문에 마음에 걸림

24 850a20 "舍利子。色空。空性見色。色不異空。空不異色。是色卽空。是空卽色。受想行識。亦復如是"

25 850a22 "舍利子(사리자)。是諸法性相空(시제법성상공)。不生不滅(불생불멸)。不垢不淨(불구부정)。不滅不增(불감부증)。"여기서 한역문의 "不垢不淨(불구부정)。不滅不增(불감부증)"은 '더러움도 없고, 깨끗함도 없고, 줄어드는 것도 없고, 늘어나는 것도 없다'는 뜻이다. 하지만 이것은 산스크리트어〈반야심경〉을 한역하면서 다른 뜻으로 번역해 놓은 것이다. 그래서 필자는 이 부분의 한역을 무시하고 이 부분의 산스크리트어 본을 번역했다. 이 부분의 산스크리트어본의 뜻이 어떻게 해서 이와 같은 뜻이 되었는지를 알고자하는 독자는 이 책의 모체인〈반야심경 정해〉의 해당 부분 내용을 보기 바란다.

26 850a24 "是故空中。無色。無受想行識。無眼耳鼻舌身意。無色聲香味觸法。無眼界。乃至無意識界。無無明。亦無無明盡。乃至無老死盡。無苦集滅道。無智證無得(무지증무득)"

이 없습니다. 마음에 걸림이 없기 때문에 두려움이 없으며, "나"라는 잘못된 인식에서 영원히 벗어나서 열반을 성취합니다.[27]

관자재보살뿐만 아니라 과거, 현재, 미래세의 모든 부처님들도 다 이 지혜를 완성하는 수행법에 의해 최상의 완전한 깨달음을 성취합니다.[28] 그러므로 지혜를 완성하는 수행법은 대단히 신묘(神妙)하고도 밝은 방법이고, 그 어떤 것과도 비교할 수 없는 최고의 방법이며, 실제로 모든 괴로움을 다 없앨 수 있기 때문에 거짓말이 아님을 알아야 합니다.[29]

지혜완성의 진실한 말씀[眞言.呪주]을 말하면 다음과 같습니다. 「가신 분이시여! 가신 분이시여! 열반으로 가신 분이시여! 적멸과 하나 되어 열반으로 가신 분이시여! 깨달음을 믿습니다.」[30]

"이와 같이 사리불 존자여, 모든 대보살이 깊은 지혜를 완성하는 수행을 할 때는 이와 같은 방법으로 해야 합니다."[31]

이 때 세존께서는 삼매에서 깨어나서 관자재보살을 칭찬해 말씀하셨다. "정말 훌륭하고, 훌륭하도다.[32] 선남자여! 이와 같고,

27 850a27 "以無所得故。菩提薩埵。依般若波羅蜜多住。心無障礙。心無障礙故。無有恐怖。遠離顚倒夢想。究竟寂然.(구경적연)"

28 850b01 "三世諸佛。依般若波羅蜜多故。得阿耨多羅三藐三菩提。現成正覺"

29 850b02 "故知般若波羅蜜多。是大眞言。是大明眞言。是無上眞言。是無等等眞言。能除一切苦。眞實不虛"

30 850b04 "故說般若波羅蜜多眞言。卽說眞言唵(引)[言*我]帝[言*我]帝。播(引)囉[言*我]帝。播(引)囉散[言*我]帝冒(引)地娑縛(二合)賀(引)"

31 850b08 "如是舍利子。諸菩薩摩訶薩。於甚深般若波羅蜜多行。應如是學"

32 "정말 훌륭하고, 훌륭하도다"는 한역문 "善哉善哉(선재선재)"를 번역한 것이고, 이것은 산스크리트어 "sādhu(사두) sādhu(사두)"를 번역한 것이다. 사두(sādhu)는 진실한, 정확한, 친절한, 우수한, 최고로 좋은, 고귀한, 아멘 등의 뜻이다.

이와 같도다. 방금 그대가 말한 것처럼 깊은 지혜를 완성하는 수행을 할 때는 이와 같은 방법으로 해야 한다. 이와 같은 방법으로 수행할 때 모든 여래가 다 따라서 기뻐할 것이다."[33]

이 때 세존께서 이와 같이 말씀하시자, 사리불 존자와 관자재보살과 그 법회자리에 있던 세간의 모든 신들[梵天범천]과 사람들, 아수라, 건달바 등이 다 부처님 말씀을 듣고, 매우 기뻐하며, 받아들여서 받들어 수행했다.[34]

이와 같이 〈반야심경〉의 머리 부분과 꼬리 부분을 제외한 나머지 몸통 부분은 관자재보살이 사리불 존자에게 말해준 내용이다. 우리는 위의 대본 〈반야심경〉을 통해 〈반야심경〉 내용의 전체 구조를 이해할 수 있고, 〈반야심경〉을 통해 우리에게 무슨 말을 해주려고 했는지를 더욱 분명하게 알 수 있다.

〈반야심경〉의 몸통 부분의 첫 부분에서 사리불 존자가 관자재보살에게 "만약 선남자 선여인이 깊은 지혜를 완성하는 수행을 하려고 하면, 어떤 방법으로 수행해야 합니까?"라는 질문을 했고, 그 질문에 답을 해주는 것이 〈반야심경〉 몸통 부분 내용이다. 그리고 이 대본 〈반야심경〉의 꼬리 부분에서 관자재보살이 사리불 존자에게 "모든 대보살이 깊은 지혜를 완성하는 수행을 할 때는 이와 같은 방법으로 해야 한다"고 말했고, 그 말에 덧붙여서 부처님께

33　850b09 "爾時世尊。從三摩地安祥而起。讚觀世音自在菩薩摩訶薩言。善哉善哉。善男子。如是如是。如汝所說。甚深般若波羅蜜多行。應如是行。如是行時。一切如來。悉皆隨喜"

34　850b13 "爾時世尊如是說已。具壽舍利子。觀世音自在菩薩及彼眾會一切世間天人阿蘇囉蠍[馬*犬][口*縛]等。聞佛所說。皆大歡喜。信受奉行"

서 "방금 그대가 말한 것처럼 깊은 지혜를 완성하는 수행을 할 때는 이와 같은 방법으로 해야 한다. 이와 같은 방법으로 수행할 때 모든 여래가 다 따라서 기뻐할 것"이라고 말한 것으로 보아서 〈반야심경〉은 **깊은 지혜를 완성하는 수행방법**을 말해주기 위한 경이라는 사실을 알 수 있다.

지혜륜이 한역한 대본 〈반야심경〉의 본문의 한자수는 630자이다. 현장이 한역한 〈반야심경〉의 본문의 한자수는 260자이다. 현장은 〈반야심경〉의 본문에서 약 60%의 내용을 빼버리고 번역하였다. 동국대학교 불교대학 교수였던 이기영(1922-1996) 박사는 "소본과 대본은 내용면에서 별로 큰 차이가 없다"[35]고 말했지만, 그렇지 않다. 현재 우리가 외우고 있는 소본 〈반야심경〉이 탄생하게 된 이유는 대본 〈반야심경〉에서 지혜를 완성하는 수행방법을 말해주고 있는 내용을 빼버리기 위해서였다고 볼 수 있다. 왜냐하면 위의 대본 〈반야심경〉에서 선(禪)수행 또는 수행방법을 말해주고 있는 내용을 빼버린 것이 소본 〈반야심경〉이기 때문이다. 이 소본 〈반야심경〉이 만들어진 결과, 현재 중국, 한국, 일본 등지에서 〈반야심경〉은 지혜를 완성하는 수행방법을 말해주는 경으로 인식되고 있지 않다. 이러한 사실을 보면, 중국에서 〈반야심경〉을 한역하면서 왜, 어떤 조작을 했는지 알 수 있다. 소본 〈반야심경〉을 한역한 구마라집과 현장과 의정은 〈반야심경〉이 말해주고 있는 수행방법에 대한 내용을 없애기 위해 〈반야심경〉을 한역하면서 선(禪)수행 또는 수행방법에 대한 내용을 다 빼버리고, 〈반야심경〉을 주문의 경으로 둔갑시켜 놓았다. 소본 〈반야심경〉을 한역한 역경가들은 관찰수행을 통해 지혜를 완성하는 것에는 관심

---

35 〈반야심경〉이기영 역해. 한국불교연구원. 1979. 제13쪽

이 없었다고 보는 것이 맞을 것이다. 그들은 〈반야심경〉이라는 주문을 외우면, 온갖 액난을 다 제거할 수 있다는 취지의 말을 해 놓았다. 그 결과, 〈반야심경〉은 원래 전하고자 했던 메시지를 잃어버리고, 별의별 허언(虛言)을 양산해내는 **공리공론(空理空論)의 주산지**가 되어버렸다.

제3장
〈반야심경〉 본문 내용의 단락 구분

〈반야심경〉의 몸통부분 내용은 다음과 같이 크게 7단락으로 나눌 수 있다. 여기서 각 단락의 표제어를 잘 보기 바란다. 이 표제어가 〈반야심경〉 내용을 파악하는 데 결정적인 역할을 하기 때문이다.

1. 관자재보살이 사리불 존자에게 깊은 지혜를 완성하는 수행을 하려고 하면, 존재의 다섯 요소를 관찰하여, 그것들은 다 실체가 없는 것들임을 꿰뚫어봐야 한다고 말해줌

관자재보살 행심반야바라밀다(행)시 조견오온(자성)개공 도일체고액
觀自在菩薩 行深般若波羅蜜多(行)時 照見五蘊(自性)皆空 度一切苦厄
(관찰에 통달한 관자재보살이 존재의 다섯 요소[오온]를 관찰해가며, 깊은 지혜를 완성하는 수행에 전념하고 있을 때 그것들은 다 실체가 없는 것들[空공]임을 꿰뚫어보고, 모든 괴로움에서 벗어나게 되었다.)

[이 때 사리불 존자가 부처님의 불가사의한 힘에 의해 합장 공경하고, 관자재보살에게 물었다. "만약 선남자가 깊은 지혜를 완성하는 수행을 하려고 하면, 어떤 방법으로 수행해야 합니까?" 이렇게 묻자, 관자재보살이 말했다. "사리불 존자여! 만약 선남자 선여인이 깊은 지혜를 완성하는 수행을 하려고 하면, 존재의 다섯 요소[오온]를 관찰하여, 그것들은 다 실체가 없는 것들임을 꿰뚫어봐야 합니다."]

2. "존재의 다섯 요소는 다 실체가 없는 것들"이란 말이 무슨 말인지 구체적으로 말해줌

사리자 색불이공 공불이색 색즉시공 공즉시색 수상행식 역부여시
舍利子 色不異空 空不異色 色卽是空 空卽是色 受想行識 亦復如是
(사리불 존자여! 몸의 물질현상[色색]은 실체가 없는 것[空공]과 다르지 않고, 실체가 없는 것[空공]은 몸의 물질현상[色색]과 다르지 않습니다. 몸의 물질현상[色색]은 실체가 없는 것[空공]이고, 실체가 없는 것[空공]이 몸의 물질현상[色색]입니다. 몸의 물질현상[色색]과 마찬가지로 느낌[受수], 인식[想상], 업 지음[行행], 식별작용[識식]도 또한 실체가 없는 것들입니다.)

3. 이 모든 존재가 다 소멸된 적멸상태의 특징을 간단히 말해줌

사리자 시제법공상 불생불멸 불구부정 부증불감
舍利子! 是諸法空相 不生不滅 不垢不淨 不增不減
(사리불 존자여! 이 모든 존재가 다 소멸된 적멸상태엔 일어나는 것도 없고, 사라지는 것도 없습니다. 또 더러움도 없고, 더러움에

서 벗어난 것도 없으며, 부족함도 없고, 완전함도 없습니다.)

4. 이 모든 존재가 다 소멸된 적멸상태의 특징을 구체적으로 말해줌

1) 적멸상태엔 오온이 존재하지 않는다.
시고 공중무색 무수상행식
是故 空中無色 無受想行識
(그러므로 적멸상태엔 몸의 물질현상[色색]도 없고, 느낌[受수], 인
식[想상], 업 지음[行행], 식별작용[識식]도 없습니다.)

2) 적멸상태엔 십이처, 십팔계도 존재하지 않는다.
무안이비설신의 무색성향미촉법 무안계내지무의식계
無眼耳鼻舌身意 無色聲香味觸法 無眼界乃至無意識界
(또 눈, 귀, 코, 혀, 피부, 의식 등의 감각기관도 없고, 형상, 소리, 냄
새, 맛, 촉감, 마음에서 일어났다 사라지는 것들[法법]도 없습니다.
또 '눈'이라는 요소에서부터 '의식의 식별작용'이라는 요소에 이
르기까지 그 어떤 인식작용의 구성요소도 없습니다.)

3) 적멸상태엔 십이연기가 일어나지 않는다.
무무명 역무무명진 내지무노사 역무노사진
無無明 亦無無明盡 乃至無老死 亦無老死盡
(또 무명도 없고, 무명이 다 소멸된 것도 없으며, 내지 늙고 죽는 것
도 없고, 늙고 죽는 것이 다 소멸된 것도 없습니다.)

4) 적멸상태엔 사성제의 진리도 없고, 지각작용도 없고, 의식의 대
상을 취하는 것도 없다.

무고집멸도 무지역무득

無苦集滅道 無智亦無得

(괴로움[苦고]도 없고, 괴로움의 원인[集집]도 없으며, 열반[滅멸]
도 없고, 열반에 이르는 길[道도]도 없습니다. 또 지각작용[智지]도
없고, 의식의 대상을 취하는 것[得득]도 없습니다.)

5. 적멸상태에 들고난 뒤에 어떻게 되는지 말해줌

이무소득고 보리살타 의반야바라밀다(주)고 심무괘애

以無所得故 菩提薩埵 依般若波羅蜜多(住)故 心無罣碍

(의식의 대상을 취하는 것이 없음으로써 깨달음을 추구하는 중생
은 지혜를 완성하는 수행법에 의해 삼매에 들어 있기 때문에 마음
에 걸림이 없습니다.)

무괘애고 무유공포 원리전도몽상 구경열반

無罣碍故 無有恐怖 遠離顛倒夢想 究竟涅槃

(마음에 걸림이 없기 때문에 두려움이 없으며, "나"라는 잘못된
인식에서 영원히 벗어나서 열반을 성취합니다.)

6. 지혜를 완성하는 수행법은 실제로 모든 괴로움을 다 없앨 수 있기에
최고의 방법이라는 사실을 말해줌

삼세제불 의반야바라밀다고 득아뇩다라삼먁삼보리

三世諸佛 依般若波羅蜜多故 得阿耨多羅三藐三菩提

(관자재보살뿐만 아니라 과거, 현재, 미래세의 모든 부처님들도
다 이 지혜를 완성하는 수행법에 의해 최상의 완전한 깨달음을 성

취합니다.)

고지반야바라밀다 시대신주 시대명주 시무상주 시무등등주 능제
일체고 진실불허
故知般若波羅蜜多 是大神呪 是大明呪 是無上呪 是無等等呪 能除一
切苦 眞實不虛
(그러므로 지혜를 완성하는 수행법은 대단히 신묘(神妙)하고도 밝
은 방법이고, 그 어떤 것과도 비교할 수 없는 최고의 방법이며, 실
제로 모든 괴로움을 다 없앨 수 있기에 거짓말이 아님을 알아야 합
니다.)

7. 지혜의 완성을 시(詩)로 찬탄함

고설반야바라밀다주 즉설주왈
故說般若波羅蜜多呪 卽說呪曰
「아제아제 바라아제 바라승아제 모지사바하」(세번)
揭諦揭諦 婆羅揭諦 婆羅僧揭諦 菩提娑婆訶
Gate Gate Pāragate Pārasaṃgate BodhiSvāhā
(지혜완성의 진실한 말씀[眞言,呪주]을 말하면 다음과 같습니다.
「가신 분이시여! 가신 분이시여! 열반으로 가신 분이시여! 적멸과
하나 되어 열반으로 가신 분이시여! 깨달음을 믿습니다.」)

우리는 위의 내용을 보면 난해하거나 현학적인 설명이 없어도〈반
야심경〉내용을 다 이해할 수 있다. 이와 같이〈반야심경〉은 번역
만 제대로 해 놓으면, 그 내용을 이해하는 것은 전혀 어렵지 않다.
위의 각 단락의 표제어가〈반야심경〉내용을 친절하게 잘 해설해

주고 있다. 그렇기 때문에 〈반야심경〉에 대한 해설은 이 이상의 것을 필요로 하지 않을지도 모른다. 이 뒷부분은 어떻게 해서 이러한 번역과 해석이 나왔고, 왜 지금까지 이렇게 번역하지 못 했는지에 대해 말해 놓았다. 위의 표제어는 기존 해설자들이 해 놓은 해석과 판이하게 다를 것이다. 하지만 이 표제어가 맞는다고 보면 된다. 이 표제어의 정확성을 확인하고 싶은 독자는 필자의 책 〈반야심경 정해〉를 읽기 바란다. 그 책에 이와 같이 해석하는 것이 옳다는 것을 입증해줄 수 있는 많은 경론의 내용을 제시해 놓았다.

제4장
제대로 번역한 〈반야심경〉의 제목

〈반야심경〉의 본문에 들어가기 전에 〈마하반야바라밀다심경(摩訶般若波羅蜜多心經)〉이라는 경의 제목의 뜻부터 알아보자. 기존 해설서들을 보면 그 제목을 〈큰 지혜의 힘으로 저 언덕에 이르는 마음의 경〉[36], 〈위대한 지혜로 저 언덕에 이르는 길〉[37] 등으로 번역해 놓았다. 그러나 이렇게 해석해서는 안 된다. 왜냐하면 〈반야심경〉의 제목은 **〈지혜를 완성하는 수행방법의 핵심을 말해주는 경〉**이라는 뜻이기 때문이다. 그럼 왜 이런 뜻으로 번역해야 하는지 그 이유를 산스크리트어 원문을 통해 알아보자. 산스크리트어 원문에는 경의 제목이 〈쁘라야-빠라미따-히르다야-수뜨라〉로 되어 있다. 이것을 번역하면 다음과 같은 뜻이다.

〈쁘라야-빠라미따-히르다야-수뜨라〉

36 〈반야심경 강의〉 오고산 지음. 보련각. 1979년 초판, 1999년 7판 발행. 제10쪽
37 〈예불문과 반야심경〉 무비 스님 풀이. 불일출판사. 1993년. 제161쪽

〈prajñā-pāramitā-hṛdaya-sūtra〉
〈 반야 - 바라밀다 - 심 - 경 〉
〈 지혜 - 완성 - 핵심 - 경 〉
〈지혜 완성의 핵심을 말해주는 경〉
〈지혜를 완성하는 수행방법의 핵심을 말해주는 경〉

1) **"마하**(摩訶)**"**는 '거대하다', '방대하다'는 뜻으로 '大(대)'로 번역된다. 이 "마하"는 산스크리트어 원문에는 없는 것인데, 구마라집이 〈반야심경〉을 한역하면서 집어넣은 것이다.

2) **"반야**(般若)**"**는 산스크리트어 "쁘라야(Prajñā)"의 음을 한자로 표기한 것으로, '지혜'라는 뜻이다.

3) **"바라밀다**(波羅蜜多)**"**는 산스크리트어 "빠라미따(pāramitā)"의 음을 한자로 표기한 것으로, **'완성'**[38]이라는 뜻이다. 그러나 산스크리트어 〈반야심경〉의 단어 뜻을 그 밑에 한자로 표기해 놓은 〈범한(梵漢)대조반야심경〉을 보면, "바라밀다"는 "**빠라미따** pāramitā **到彼岸(도피안)**"[39]으로 표기되어 있다. 도피안(到彼岸)은 '저 언덕[彼岸피안]에 도달했다[到도]'는 뜻인데, 이런 뜻으로 번역해 놓은 것은 문제가 있다고 말할 수 있다. 왜냐하면 "바라밀다"를 '저 언덕에 도달했다'는 뜻으로 번역하면, 그 뜻이 완전히 달라질

---

38 〈梵和大辭典(범화대사전)〉의 779쪽을 보면, 빠라미따(pāramitā)는 '彼岸(피안)', '到彼岸(도피안)' 뿐만 아니라 '완전한 성취', '~의 완성'이라는 뜻도 있다. 또 영국 Oxford 출판사의 〈Oxford Sanskrit-English Dictionary〉의 619쪽을 보면, 빠라미따(pāramitā)는 '도피안' 등의 뜻도 있지만 'complete attainment(완전한 성취)', 'perfection in ~(~의 완성)'이라는 뜻도 있다.

39 도달할 도[到], 저 피[彼], 언덕 안[岸]. "도피안(到彼岸)"은 '저 언덕[彼岸]에 도달했다[到]'는 뜻이고, 이것은 '열반을 성취했다'는 뜻이다.

뿐만 아니라 〈반야심경〉을 통해 전하고자 하는 메시지와 정반대 방향으로 달려가기 때문이다. 〈반야심경〉에서는 지혜가 완성되어서 열반을 성취하면, 모든 것이 다 소멸된 공(空)의 상태가 되어서 그 어떤 것도 존재하지 않는다고 말한다. 그런데 어떻게 "저 언덕[彼岸피안]"이 있을 수 있겠는가? "바라밀다(pāramitā)"는 '도피안'으로 번역해서는 안 되고, '완성'으로 번역해야 한다. 세계적인 산스크리트어 문헌학자 에드워드 콘쯔도 〈반야심경〉을 영역[40]하면서 "반야바라밀다(prajñāpāramitā)"를 "지혜의 완성"[41]이라는 뜻으로 번역하여, "바라밀다"를 '**완성**'으로 번역해 놓았다. 또 현재 서구에서 〈반야심경〉 연구의 최고 권위자로 인정받고 있는 도널드 로페즈[42] 교수와 그 외의 여러 〈반야심경〉 번역가들도 "반야바라밀다"를 "지혜의 완성"으로 번역해 놓았다.

4) "**심경(心經)**"은 '**핵심(核心)**'을 말해주는 **경(經)**'이라는 뜻이다. "심경(心經)"의 의미에 대해 틈만 나면 "마음자리" 타령을 일삼는 중국 선(禪)불교에서는 팔만대장경을 260자로 줄인 것이 〈반야심경〉이고, 이 〈반야심경〉을 한 자로 줄이면 마음 "심(心)"자라고 하면서 〈반야심경〉을 "**마음의 경**"으로 해석하는 것을 볼 수 있다. 그러나 이렇게 해석해서는 안 된다. 왜냐하면 〈반야심경〉 제목에

---

40 에드워드 콘쯔(Edward Conze)의 영역은 〈범본 영역주(梵本 英譯註) 금강경·心經(심경) Buddhist Wisdom Books〉 속에 들어 있다.

41 그는 산스크리트어 "반야바라밀다(prajñāpāramitā)"를 "the perfection of wisdom"으로 번역해 놓았다. 필자는 이것을 'the completion of wisdom(지혜의 완성)'으로 영역했다.

42 Donald S. Lopez Jr.는 1952생이다. 그는 반야심경에 대한 책을 두 권 저술해냄으로써 현재 서양에서 반야심경에 대한 최고 권위자로 인정받고 있다. 그는 티베트어 반야심경을 영어로 번역하였고, 티베트어 반야심경의 주석서들을 연구하여, 책을 썼다. 그는 미국 미시간대학교 아시아언어문화학과 교수이다.

서의 "心(심)"은 산스크리트어 '히르다야(hṛdaya)'[43]를 번역한 것이고, 이것은 '마음'이 아니라 '핵심'이라는 뜻이기 때문이다. 히르다야에는 '마음'이라는 뜻은 없다.[44] 그래서 〈반야심경〉을 '마음의 경'으로 해석해서는 안 된다.

또 거의 모든 해설자들이 〈**마하**반야바라밀다심경〉은 '육백부나 되는 방대한 〈**대**반야바라밀다경〉의 핵심을 말해 놓은 경'이라는 뜻으로 해석해 놓은 것을 볼 수 있다. 이것도 옳은 해석이라고 보기는 어렵다. 왜냐하면 〈반야심경〉의 산스크리트어 제목인 〈**쁘라야**prajñā **빠라미따**pāramitā **히르다야**hṛdaya **수트라**sūtra〉에는 "마하"가 없고, 〈대반야바라밀다경〉의 전체 내용을 보면, 〈반야심경〉을 〈대반야바라밀다경〉의 핵심을 말해 놓은 경으로 보기에는 상당한 무리가 있기 때문이다.[45] 〈반야심경〉을 '석가부처님 가르침의 핵심을 말해 놓은 경'으로 해석하면, 그것은 딱 맞는 말이다.

〈반야바라밀다심경〉의 산스크리트어 제목은 〈**쁘라야**prajñā **빠라미따**pāramitā **히르다야**hṛdaya **수트라**sūtra〉이다. 이것은 〈**쁘라야**prajñā**반야, 지혜** **빠라미따**pāramitā, **완성** 히르다야hṛdaya심, **핵심** 수트라sūtra**경**〉의 구조로 되어 있다. 이것을 직역하면 **〈지혜 완성의 핵심을 말해주는 경〉**이라는 뜻이고, 이것을 의역하면 **〈지혜를 완성하는 수행방법의 핵심을 말해주는 경〉**이라는 뜻이다.

---

43 산스크리트어 hṛdaya(히르다야)는 심장(心臟), 중심(中心), 핵심(核心) 등의 뜻으로, '心(심)', '胸(흉)' 등으로 한역되어 있고, heart, center, core, essence 등으로 영역되어 있다.

44 마음에 해당하는 산스크리트어 찟따(citta)다.

45 방대한 〈대반야바라밀다경〉 안에는 다양한 주제를 말하고 있는 600개의 경이 들어 있다. 그러나 〈반야심경〉은 그 안에 들어 있지 않고, 〈금강경〉은 577번째 경으로 들어 있다.

般若波羅蜜多心經

唐三藏法師玄奘 譯

觀自在菩薩行深般若波羅蜜多時
照見五蘊皆空度一切苦厄舍利子
色不異空空不異色色即是空空即
是色受想行識亦復如是舍利子是
諸法空相不生不滅不垢不淨不增
不減是故空中無色无受想行識無
眼耳鼻舌身意无色聲香味觸法无
眼界乃至無意識界无無明亦无無

이 사진은 해인사 고려대장경 속에 들어 있는 현장이 번역한 〈반야심경〉이다. 여기에는 경의 제목에 "마하"가 없이 〈반야바라밀다심경 般若波羅蜜多心經〉으로 되어 있다.

제5장
지혜를 완성하는 수행방법을 말해줌

1. 〈반야심경〉의 메시지는 무엇인가?

〈반야심경〉의 몸통 부분 첫 머리에 다음과 같은 내용이 나온다.

관자재보살 행심반야바라밀다(행)시 조견오온개공 도일체고액
觀自在菩薩 行深般若波羅蜜多(行)時 照見五蘊皆空 度一切苦厄
(관찰에 통달한 관자재보살이 존재의 다섯 요소[오온]를 관찰해
가며, 깊은 지혜를 완성하는 수행에 전념하고 있을 때, 그것들
은 다 실체가 없는 것들[꽃공]임을 꿰뚫어보고, 모든 괴로움에서
벗어나게 되었다.)
[이 때 사리불 존자가 부처님의 불가사의한 힘에 의해 합장 공
경하고 관자재보살에게 물었다. "만약 선남자가 깊은 지혜를
완성하는 수행을 하려고 하면, 어떤 방법으로 수행해야 합니
까?" 이렇게 묻자, 관자재보살이 말했다. "사리불 존자여! 만약

선남자 선여인이 깊은 지혜를 완성하는 수행을 하려고 하면 존 재의 다섯 요소를 관찰하여, 그것들은 다 실체가 없는 것들임을 꿰뚫어봐야 합니다."][46]

놀랍게도 이것이 〈반야심경〉을 통해 우리에게 말해주고자 하는 핵심내용이다. 그런데 지금까지 아무도 〈반야심경〉의 메시지를 이렇게 해석하지 못 했다. 왜냐하면 현장이 한역한 〈반야심경〉에 는 이러한 경의 핵심내용이 빠져 있기 때문이다. 위의 우리말 번역 은 이 부분의 대본 〈반야심경〉을 번역한 것이다. 현장은 이 부분을 다음과 같이 번역해 놓았다.

"觀自在菩薩(관자재보살) 行深般若波羅蜜多時(행심반야바라 밀다시)
照見五蘊皆空(조견오온개공) 度一切苦厄(도일체고액)"

이것을 우리말로 번역하면 다음과 같다.

관찰에 통달한 관자재보살이 **깊은 지혜를 완성하는 수행에 전념 하고 있을 때** 존재의 다섯 요소[오온]는 다 실체가 없는 것들[空공] 임을 꿰뚫어보고, 모든 괴로움에서 벗어나게 되었다.

이런 뜻을 조계종 〈한글 반야심경〉에서는 다음과 같이 번역해 놓

46 [ ] 부분은 앞의 각주 1)에서 말했듯이 〈반야심경〉이 전래되는 과정에서 누군가 빼버린 것을 필자가 복원해 넣은 것이다. 5종의 대본 〈반야심경〉의 한 역본 중 법월의 한역본을 제외한 나머지 4종에는 이 내용이 다 들어 있다. 복원 에 대한 상세한 내용을 알고자 하면, 이 책의 각주 1)을 보기 바란다.

았다.

　"관자재보살이 깊은 반야바라밀다를 행할 때, 오온이 공한 것
　을 비추어 보고, 온갖 고통에서 건너느니라."

이것은 제대로 된 번역이라고 말할 수 없다. 왜냐하면 이 번역은
한역문의 뜻을 제대로 전달하지 못 하고 있기 때문이다. 이 〈한글
반야심경〉에서 말하는 "깊은 반야바라밀다를 행한다"는 말이 도
대체 무슨 말인가? 또 '오온이 공하다'는 말은 무슨 말인가? "온갖
고통에서 건너느니라"는 표현이 어법에 맞는 말인가? 이런 번역
을 보면, 우리는 〈반야심경〉을 번역하는 것이 얼마나 어려운 것인
지 알 수 있다. 이 조계종 〈한글 반야심경〉뿐만 아니라 다른 사람
이 해 놓은 번역들도 이와 크게 다르지 않다.[47] 1991년에 출간되어
지금까지 일본 아마존 스테디셀러인 야마나 테츠시(山名哲史)의 〈
반야심경〉번역에는 이 부분을 다음과 같이 번역해 놓았다.

47　동국대학교 불교대학 정성본 교수는 "행심반야바라밀다시"에서 "행"을
"실천한다"는 뜻으로 번역해 놓았다. 정성본 교수는 〈반야심경〉의 첫 문장을
"관자재보살이 깊고도 미묘한 반야의 완전한 지혜를 실천할 때에 물질(色)과
정신의 다섯 가지 기관인 오온(五蘊; 色, 受, 想, 行, 識)이 모두 텅 비어 공(空)한
사실을 관찰(照見)하고, 일체의 괴로움에서 벗어나 열반의 경지를 이루었다"
고 번역해 놓았다. 물론 이 번역도 제대로 된 번역이라고 할 수 없다. 〈반야심
경〉정성본. 한국선문화연구원 발행. 2010년 개정판 4쇄 발행. 제10쪽. 또 전
남대학교 이중표 교수는 이것을 "거룩한 관자재보살님은 깊은 반야바라밀다
행을 실천하시면서 오온(五蘊)을 관찰하여, 그것의 자기존재성[自性, svabhā-
va]이 공(空, śūnya)임을 보았다오"라고 번역해 놓았다. 〈니까야로 읽는 반야
심경〉이중표 역해. 2017년. 불광출판사. 제6쪽.

"관자재보살(관세음보살)이 반야바라밀다를 깊이 수행할 때 인간은 다섯 가지 요소로 이루어져 있는데, 그 다섯 요소는 모두 실체가 없음을 확실히 알고, 일체의 괴로움을 극복했다."[48]

이 번역은 조계종 〈한글 반야심경〉보다는 훨씬 낫다. 하지만 이것도 관자재보살과 관세음보살을 동일인물로 보았다는 점과 "반야바라밀다"를 번역하지 못 하고 그대로 사용하여, "반야바라밀다를 깊이 수행할 때"라고 번역한 것은 부족하다고 볼 수 있다. 필자는 이 부분을 "관찰에 통달한 관자재보살이 **깊은 지혜를 완성하는 수행에 전념하고 있을 때**"라고 번역했다.

그럼 위의 "관자재보살 행심반야바라밀다시 조견오온개공 도일체고액"을 한 구절씩 풀어보자. 지금부터는 필자의 번역이 정확한 것임을 확인시키기 위하여 세밀하게 따져나가는 글이 전개될 것이다. 왜곡된 불교를 바로잡기 위해서는 알아야 하는 내용이기 때문에 다음 "관자재보살"의 부분은 집중력을 발휘해서 읽어주기 바란다.

2. 관자재보살

관자재보살 = 아바로끼떼쓰바라 보디사뜨바(Avalokiteśvara Bodhisattva)

관자재보살은 관찰을 자유자재로 할 수 있어서 관찰에 통달한 보살이다

---

[48] 〈반야심경〉불광출판사. 야마나 테츠시(山名哲史) 지음. 최성현 옮김. 2020. 33쪽

〈반야심경〉의 주인공은 관자재보살이다. 〈반야심경〉은 사리불 존자가 관자재보살에게 법을 설할 수 있는 자리를 깔아주고, 관자 재보살이 사리불 존자에게 법을 말해주는 형식으로 되어 있다. 〈반야심경〉 본문의 첫 번째 "사리자"부터 "모지사바하"까지 내용 은 관자재보살이 사리불존자에게 말해주는 것이다.

1) 관자재보살은 어떤 분인가?

옛날부터 중국에서 "관자재보살은 관세음보살의 다른 이름"이라 고 말하고 있다. 하지만 이것은 잘못된 말이다. 구마라집이 〈반야 심경〉을 최초로 한역하면서 '관자재보살'로 번역해야 할 것을 '관 세음보살'로 번역함으로써 이런 잘못된 해석이 나온 것이다.

그럼 왜 '관자재보살'이라고 하는가? **관**자재보살(**觀**自在菩薩)' 에서의 '**관(觀)**'은 산스크리트어 '아바로키따(Avalokita)'를 번역 한 것이고, 이것은 '**관찰한다**'[49]는 뜻이다. 그리고 '**자재(自在)**'는 산스크리트어 '이쓰바라(īśvara)'를 번역한 것으로, '**~에 자유자재 한 자**', '~을 마음대로 할 수 있는 자'라는 뜻이다.[50] 즉 관자재보살

---

49 아바로끼따(avalokita)는 '관찰한다'는 뜻의 동사 아바록(avalok)의 과 거수동분사형이다. 법성(法成)이 한역한 돈황본〈반야심경〉에는 "**관찰**조견 오온체성실개시공(**觀察**照見五蘊體性悉皆是空)"이라는 구절이 있다. 여기서 "**관찰**"이라는 단어를 쓰고 있는 것을 볼 수 있다. 이와 같이 "관자재보살"에서 의 "관"은 '관찰'이라는 뜻이다.

50 관자재는〈관(觀,Avalokita)'+'자재(自在,īśvara)〉의 구조로 본다. 산스 크리트어 음운규칙에 의해 a+ī→e가 되어서 Avalokiteśvara(아바로끼떼쓰바 라)가 되었다고 본다. 이러한 산스크리트어 원어분석은〈한역대조범화대사 전(漢譯對照梵和大辭典)〉과 일본의 세계적인 불교학자 나까무라 하지메(中村 元,1912~1999)의 견해를 따른 것이다. 이 분석에 의하면, '自在(자재)'는 산

61

은 관찰을 자유자재로 할 수 있어서 **관찰에 통달한 보살**이다. 이 때 관찰 대상은 존재의 다섯 요소[오온], 즉 자신의 몸과 마음에서 일어나고 있는 현상들[51]이다.

2) 관자재보살은 관세음보살이 아니다

관자재보살과 관세음보살은 성격이 다른 보살이다. 관세음보살은 불보살(佛菩薩)에 대한 신앙을 중시하는 〈법화경〉에 나오는 보살로서 고난에 처해 있는 중생들을 구제해주는 보살이다. 반면에 관자재보살은 반야부 경전에 나오는 보살로서 관찰수행을 통해 지혜를 완성하여, 열반성취를 추구하는 보살이다. 〈법화경〉은 기독교와 마찬가지로 신앙심만 강조하지 〈반야심경〉의 관심사인 수행방법이나 지혜의 완성에 대해서는 아무런 관심이 없다. 도리어 〈법화경〉에 나오는 가공(架空)의 부처는 지혜 완성을 가로막기 위해 다음과 같이 말한다.

"일체 성문(聲聞)과 벽지불[52]은 이 〈법화경〉 안까지 [지혜분별

스크리트어 'īśvara(이쓰바라)'를 한역한 것으로, '마음대로 할 수 있는 자', '자유자재한 자'라는 뜻이다. īśvara(이쓰바라)는 원래 인도의 브라만교의 세계를 창조한 신(神)인 브라만(Brahman)신이나 씨바(śiva)신을 일컫던 말이다. īśvara(이쓰바라)는 '자재(自在)' 외에도 '自在者(자재자)', '자재천(自在天)', '왕(王)', '주(主)', '최고신', '주재(主宰)' 등으로 한역되어 있다.

51 몸과 마음에서 일어나고 있는 현상들을 '존재의 다섯 요소[오온]'라고 한다.

52 성문(聲聞)은 부처님의 육성법문을 듣고, 그 가르침을 떠받들어서 수행하여, 깨달음을 얻는 사람이다. 벽지불(辟支佛)은 부처님의 가르침을 만나지 못하고 홀로 노력하여, 스스로의 힘으로 깨달음을 얻는 사람이다. 이것을 '독각(獨覺)'이라고도 한다. 성문과 벽지불의 공통점은 지혜의 계발을 통해 깨달

의] 힘이 미치지 못 한다. 이 경에는 [지혜 제일인] 사리불 너조차 믿음으로 들어왔는데, 하물며 다른 성문들은 어떠하겠는가? 다른 성문들은 다 부처님 말씀을 아무런 의심 없이 믿는 까닭에 이 경을 따르는 것이지 자신의 지혜분별력으로 따르는 것이 아니다."[53]

이와 같이 말하면서 〈법화경〉 속의 가공의 부처는 지혜분별력을 계발하지 못 하게 꼬드기고 있다. 〈법화경〉은 석가부처님 불교에 대해 "방편설"[54]이라는 말을 만들어내어, 불교의 본질인 지혜의 계발을 가로막고, 오직 불보살에 대한 신앙심만 강조하는 경이다. 이와 같이 관자재보살과 관세음보살은 성격이 완전히 다른 보살임에도 불구하고 구마라집은 〈반야심경〉을 한역하면서 "관자재보살"로 번역해야 할 것을 "관세음보살"로 번역해 놓았다. 지혜륜(智慧輪)이 한역한 〈반야심경〉에는 '관세음'과 '관자재'를 합성한 "관세음자재보살"로 번역되어 있고, 그 외의 6종의 한역 〈반야심경〉에는 모두 다 "관자재보살"로 번역되어 있다.

음을 추구한다는 것이다.

53 〈법화경〉제3. 비유품 15b16 "一切聲聞 及辟支佛 於此經中 力所不及 汝舍利弗 尙於此經 以信得入 況餘聲聞 其餘聲聞 信佛語故 隨順此經 非己智分"

54 〈법화경〉방편품의 내용은 '석가부처님의 육성법문' 이라고 할 수 있는〈아함경〉에 대해 사탕으로 어린애를 꾀어서 법화의 진리 안으로 데려오기 위해 방편으로 설해 놓은 거짓말' 이라는 거짓말을 해 놓은 것이다. 필자는 멈춤과 관찰수행을 통해 지혜를 계발하는 석가부처님의 불교를 없애고, 그 자리에 불보살의 가피력에 의지하는 신앙불교를 집어넣기 위해 한 종교문학가가 저술한 책이 〈법화경〉이라고 본다.

3) 어떻게 '관자재보살'이 '관세음보살'로 둔갑하게 됐는가?

그럼 왜 관찰에 자유자재한 '관자재보살'이 '관세음보살'로 둔갑하게 됐는가? 그것은 석가불교의 지혜를 계발하는 방법을 없애려고 하는 불순한 의도를 가진 불순대승불교주의자들의 교묘한 조작에 의한 것으로 보인다. 〈법화경〉은 석가부처님 정법(正法)을 밀어내고, 그 자리에 자신들 입맛에 맞는 새로운 불교를 하나 만들어 내어, 집어넣으려는 의도로 저술된 경이라고 할 수 있다. 〈법화경〉 방편품의 내용을 보면, 석가부처님께서 〈법화경〉을 설하기 전에 설해 놓은 경들은 다 이 법화(法華)의 법을 설하기 위해 방편(거짓)으로 설법해 놓은 경일 뿐, 참된 법이 아니라고 말하고 있다. 이 〈법화경〉을 한문으로 번역했고, 법화의 법을 최고의 법으로 삼았던 구마라집은 최초로 〈반야심경〉을 한역하면서 '관자재보살'을 '관세음보살'로 바꾸어 놓았다. 이에 대해 많은 불경을 번역했고, 산스크리트어에 정통했던 당(唐)나라 현응 스님은 〈현응음의(玄應音義)〉[55] 제5권에서 다음과 같이 말해 놓았다.

"〈반야심경〉의 구마라집 번역[舊譯구역]에 '세음(世音)' 또는 '관세음(觀世音)'으로 번역되어 있는 것은 잘못 전해진 것이다. 산스크리트어본에는 모두 '**사**바라(savara, 舍婆羅)'로 표기되어 있는데, 이것은 '자재(自在)'라는 뜻이다. 그러나 설산(雪山) 이래의 모든 경본(經本)에는 이것이 '**스**바라(svara, 娑婆羅)'로 표기되어 있는데, **스**바라는 '음(音)'이라는 뜻이다. 여기서 **사**(sa,

---

55 칙명에 의해 627~649년 사이에 저술한 책이다. 이 책의 정식 명칭은 〈일체경음의(一切經音義)〉이다. 이 분야 최고의 권위서로 인정받고 있다.

숨)와 **스**(s,娑)는 그 음이 비슷함으로 인해 잘못 전해진 것이다.”

아바로끼따**사**바라(Avalokitasavara, **관자재**)
→ 아바로끼따**스**바라(Avalokitasvara, **관음**)

위의 현응 스님 말에 의하면 “관자재(觀自在)”에서 “자재”의 산스크리트어 원어가 원래는 ‘**이쓰**바라(īśvara)’가 아니라 ‘**사**바라(savara)’였다. 이것이 설산 이래의 모든 경본에는 그 음이 비슷한 ‘**스**바라(svara)’로 바뀌어서 잘못 전해지고 있다는 말이다.

위의 글에서 현응 스님은 **사**바라(savara)와 **스**바라(svara)는 그 음이 비슷함으로 인하여 실수로 잘못 전해진 것이라는 취지로 말해놓았다. 하지만 필자는 그렇게 보지 않는다. 필자는 누군가 고의적으로 바꾸어 놓았다고 본다. 필자는 한 대승불교주의자가 원래 ‘관찰한다’는 뜻의 아바로끼따(avalokita)에 ‘자재(自在)’라는 뜻의 **사**바라(savara)가 붙어서 아바로끼따**사**바라(avalokitasavara, **관자재**)의 형태로 되어 있던 것을 **사**바라(savara)를 ‘음(音)’의 뜻인 ‘**스**바라(svara)’로 바꾸어서 아바로끼따**스**바라(Avalokitasvara, **관음**)로 바꿈으로써 ‘관자재(觀自在)’를 ‘관음(觀音)’으로 만들고, 관음은 관세음이기 때문에 “관세음(觀世音)보살”로 번역했다고 본다. 이와 같은 과정을 통해 “관자재보살”로 번역해야 할 것을 “관세음보살”로 번역했고, 관자재보살은 ‘관세음보살’이라고 잘못 전해지고 있는 것이다. 위의 글에서 구마라집보다 약 200년 후대의 인물인 현응 스님도 ‘관자재보살’이 아니라 ‘관세음보살’로 번역되어 있는 것은 잘못된 것이라고 말하고 있듯이 관자재보살과 관세음보살은 다른 보살임에 틀림없다. 한 불순대승불교주의자가 산스크리트어 단어의 철자를 조작하여, “관자재보살”을 “관

65

세음보살"로 둔갑시켜 놓은 것이다.

산스크리트어 단어의 철자를 바꿈질 하는 과정

아바로끼따**사**바라(Avalokitasavara, **관자재**)
→ 아바로끼따**스**바라(Avalokitasvara, **관음**)
→ 아바로끼떼**쓰**바라(Avalokiteśvara, 관자재보살 = 관세음보살)

그럼 왜 '관자재보살'의 산스크리트어 원어가 달라졌을까? 그것
은 지혜의 완성에 초점 맞추어진 부처님 법을 파괴하기 위해 누군
가 고의적으로 바꾸어 놓았기 때문이다. 바꿈질 하는 과정을 정리
해보면 다음과 같다. '관자재'의 산스크리트어 원어는 원래 '아바
로끼**따사**바라(Avalokitasavara)'였다. 이것을 '관음(觀音)보살'로
둔갑시키기 위해 누군가 사바라(savara)의 첫 a자를 빼서 '아바로
끼**따스**바라(Avalokitasvara)'로 바꿈질 한 뒤에 그것을 다시 '관자
재'와 '관음'의 현재의 산스크리트어 원어의 형태인 '아바로끼**떼
쓰**바라(Avalokiteśvara)'로 바꾸어 놓음으로써 지혜 완성을 추구
하는 '관자재보살'이 졸지에 고통 속의 중생들을 구제해주는 '관
세음보살'로 둔갑하게 된 것이다. 그래서 우리는 지금도 관자재보
살은 관세음보살의 다른 이름이라고 잘못 알고 있는 것이다. 여기
서 알아둬야 할 것은 한 불순대승주의자가 산스크리트어 단어의
철자를 조작함으로써 관찰에 통달한 보살인 '관자재보살'을 '관
세음보살'로 둔갑시켰다는 사실이다. 만약 구마라집이 산스크리
트어 단어의 철자를 조작했다면, 그는 번역뿐만 아니라 산스크리
트어 원어까지 조작해 놓음으로써 완벽한 조작을 도모했다고 볼
수 있다. 일부 독자는 필자가 이렇게 말하는 것에 대해 선뜻 동의

할 수 없는 사람도 많을 것이다. 하지만 필자의 책〈반야심경 정해〉를 읽어가다가 보면, 그 책 곳곳에서 이렇게 볼 수밖에 없는 많은 조작사례를 만날 것이다.

구마라집은 최초로〈반야심경〉을 한문으로 번역하면서 '관자재보살'로 번역해야 할 것을 '관세음보살'로 번역하여, 마치〈법화경〉의 관세음보살이〈반야심경〉의 주인공인 것처럼 만들어 놓았다. 그리하여 구마라집은 법화(法華)사상을 주창하고,〈반야심경〉을 독송하면서〈반야심경〉의 취지와 전혀 어울리지 않는 주문까지 외우게 만드는 결과를 초래했다고 볼 수 있다.[56] 구마라집은〈반야심경〉의 제목을〈마하반야바라밀**대명주**경(摩訶般若波羅蜜**大明呪**經)〉으로 번역했다. 그는 경의 제목에 산스크리트어 원본에는 없는 "대명**주**(大明**呪**)"라는 말을 집어넣어서 지혜를 완성하는 수행방법에 대해 말해주고 있는〈반야심경〉을 '대단히 밝은 **주문의 경**'으로 만들어 버렸다. 주문은 신통이나 소원성취는 가져올지 모르지만 반야지혜와는 아무런 상관이 없다. 반야지혜는 자신의 몸과 마음에서 일어나고 있는 현상을 관찰해감으로써 계발, 완성되는 것이기 때문이다.

4)〈반야심경〉에서 경의 핵심어인 관찰이 없어졌다

관찰은 지혜를 완성하는 데 있어서 없어서는 안 되는 중요한 개념이다. 하지만 현재 우리가 외우고 있는〈반야심경〉에는 관찰이 드

---

56 구마라집은 408년에〈반야심경〉을 최초로 한역하면서 "시대신주(是大神呪)" 등 주문 "주(呪)"자를 사용하여, 번역했고,〈반야심경〉의 끝 부분을 번역하지 않고 주문으로 만들어버렸다.

러나 있지 않다. 그것은 관찰이 드러나지 않게 만들기 위하여 1.〈반야심경〉을 한역하면서 "깊은 지혜를 완성하기 위해서는 자신의 몸과 마음에서 일어나고 있는 현상들[오온]을 관찰해가라"고 말하는 내용을 빼버렸고, 2. 한역문의 "조견오온개공(照見五蘊皆空)"에서 "관찰"이라는 단어를 사용하지 않았으며,[57] 3. "관찰에 자유자재한 보살"이라는 뜻의 관자재보살을 관세음보살과 같은 존재로 둔갑시켜 놓았기 때문이다. 관찰은 지혜를 완성하기 위한 유일한 수단이다. 왜냐하면 삼매에 들어서 자신의 몸과 마음에서 일어나고 있는 현상들[오온]을 관찰해감으로써 지혜가 완성되기 때문이다.〈반야심경〉에 "관찰"이 드러나 있지 않고, 중국불교에 자신의 몸과 마음에서 일어나고 있는 현상들[오온]을 관찰해가는 수행법이 없어진 결과, '**반야**'는 단어만 존재할 뿐, 우리는 반야가 어떤 것인지 잘 모른다. 관찰과 반야에 대해서는 이 뒤의 '반야', '관찰' 편에서 상세하게 논하기로 한다.

일부 대승불교주의자들은 석가부처님 법을 파괴하기 위해 온갖 술수를 다 썼는데, 이것은 너무나 큰 과오를 저지른 것이다

우리는 '관자재보살'이 '관세음보살'로 둔갑하는 이 부분에서도 불교에서 지혜가 어떤 과정을 통해 없어지게 되었는지 그 일면을 엿볼 수 있다. 일부 대승불교주의자들은 어떻게 해서든지 지혜를 완성하는 석가부처님 법을 짓밟고, 없애려 했다.

관세음보살이 등장하는〈법화경〉은 불보살의 불가사의한 힘을

---

57 〈반야심경〉의 다른 한역본에는 "관찰"이라는 단어를 사용하고 있다. 법성(法成)이 한역한 돈황본〈반야심경〉을 보면, 거기에는 현장이 "조견오온개공"으로 한역한 것을 "**관찰**조견오온체성실개시공(**觀察**照見五蘊體性悉皆是空)"으로 한역하여, "관찰"이라는 단어를 사용하고 있다.

믿고, 불보살의 이름을 부르기만 하면, 온갖 어려움을 벗어날 수 있는데, 굳이 지혜를 닦을 필요가 없다고 가르치는 경이라고 할 수 있다. 어차피 모든 중생들이 다 지혜를 계발할 수 있는 형편이 아니라면, 대승불교의 신앙이나 기도에 의지하는 방법도 필요하다. 이렇게 볼 때 대승불교 그 자체는 나무랄 수가 없다. 하지만 일부 대승주의자들이 온갖 거짓말과 술수로 석가부처님의 정법(正法)을 비난하거나 왜곡하고, 없애려 한 것은 너무나 큰 과오를 저지른 것이라고 할 수 있다.

보살은 보리살타(菩提薩陀)의 준말이다

보살은 산스크리트어 "보디사뜨바(bodhisattva)"의 준말이다. 보디(bodhi)는 '깨달음'이라는 뜻이고, 사뜨바(sattva)는 '중생'이라는 뜻이다. 즉 보디사뜨바는 '**깨달음을 추구하는 중생**'이라는 뜻이다. "보디사뜨바(bodhisattva)", 즉 **보리살**타(菩提薩陀)를 두 자로 줄여서 '**보살**(菩薩)'이라고 한다. 보살은 원래 부처님의 전생 이야기인 〈본생담本生譚〉에서는 전생에 있어서의 석가모니와 정각(正覺)을 이루기 이전의 석가모니를 일컫던 말로 사용되었다. 하지만 오늘날 대승불교의 보살은 부처님께서 성취한 최상의 완전한 깨달음을 성취하겠다는 마음을 일으켜서 위로는 계정혜(戒定慧)를 닦아서 깨달음을 구하고, 아래로는 중생들을 교화, 제도하는 이상적인 인간형을 일컫는 말로 사용되고 있다.

관자재보살은 관세음보살이 아니라 관찰을 자유자재로 할 수 있어서 **관찰에 통달한 보살**이다.

3. 행심반야바라밀다행시(行深般若波羅蜜多行時) 깊은 지혜를 완성하는 수행에 전념하고 있을 때

반야바라밀다 : "반야"는 '지혜'라는 뜻이고, "바라밀다"는 '완성'이라는 뜻이다. 따라서 "반야바라밀다"는 '**지혜**의 **완성**'이란 뜻이다.

1) "**행**심반야바라밀다행시"에서의 '**행**(行)'은 '닦고 있는 중' 이라는 뜻이다

"**행**심반야바라밀다행시(**行**深般若波羅蜜多行時)"는 '깊은 지혜를 완성하는 수행에 **전념하고 있을 때**'라는 뜻이다. 그럼 필자는 어떻게 해서 이와 같은 뜻으로 번역했는지 한 번 알아보자.

行(닦을 행) 조계종 표준〈한글 반야심경〉을 보면 거기에는 "관자재보살이 깊은 반야바라밀다를 행할 때"라고 번역하여, "**행**심반야바라밀다행시"에서의 "**행**(行)"을 '행한다'는 뜻으로 번역해 놓았다. 그러나 이렇게 번역해서는 안 된다. 왜냐하면 이렇게 번역하면 '깊은 반야바라밀다를 행한다'는 말이 무슨 말인지 알 수가 없기 때문이다. 이 때 "**행**(行)"은 산스크리트어 "짜라마나(caramāṇa)"를 번역한 것으로, '(수행을) **하고 있는 중이다**'는 뜻이다.[58] 필자는 이 부분을 '깊은 지혜를 완성하는 수행에 전념하고 있을 때'라고 번역했다. 그러나 기존의 모든 번역가들은 이 '**행**(行)'을

---

58 짜라마나(caramāṇa)는 산스크리트어 동사 car(짜)의 진행형이다. car(짜)는 '수행과정을 밟아가다', '닦다', '수행하다' 등의 뜻으로, 住(주), 修(수), 行(행), 修行(수행), 勤修(근수), 奉行(봉행) 등으로 한역돼 있다. 따라서 짜라마나(caramāṇa)는 '[깊은 지혜를 완성하는 수행을] 해가고 있는 중'이라는 뜻이다.

70

'행한다' 또는 '실천한다'는 뜻으로 번역하여, "**행심반야바라밀다시**"를 '깊은 반야바라밀다를 **행할 때**', '깊은 반야바라밀다행을 실천하면서'[59] 등으로 번역해 놓았다. 깊은 반야(**지혜**)바라밀다(**완성**)는 수행도 없이 그냥 행할 수 있는 것도 아니고, 불교는 실천만 하면 되는 종교도 아니다. 반야바라밀다, 즉 지혜를 완성하려면 관찰수행을 많이 해야 한다.

深(깊을 심) 深(심)의 산스크리트어 원어는 감비라(gambhīra)이다. 감비라는 '대단히 깊다'는 뜻으로, '甚深(심심)', '極甚深(극심심)' 등으로 한역되어 있다. 여기서 深(심)은 대단히 깊은 관찰삼매에 들었음을 의미하고, 가장 깊은 지혜인 반야가 거의 다 완성되어가고 있음을 의미한다. 법월(法月)이 한역한 〈반야심경〉[60]을 보면, 거기에는 이 부분이 "부처님께서 보호해주는 가운데 '지혜광명'이라는 삼매[慧光三昧혜광심매]에 들었다. 그 삼매에 다 들고난 뒤에 그 삼매의 힘으로 깊은 지혜를 완성하는 수행을 해가고 있을 때, 존재의 다섯 요소[오온]는 다 실체가 없는 것들임을 꿰뚫어봤다"[61]고 번역돼 있다. 또 지혜륜(智慧輪)이 한역한 〈반야심경〉에는 "그 때 세존께서는 '매우 깊게 비추어봄[廣大甚深照見광대심심조견]'

---

59   전남대학교 이중표 교수는 "**행심반야바라밀다시**"를 '깊은 반야바라밀다행을 실천하시면서'라고 번역해 놓았다.
60   법월이 한역한 〈반야심경〉의 제목은 〈보편지장(普遍智藏)반야바라밀다심경〉이다.
61   〈대정신수대장경〉제8권, 849쪽. 법월이 한역한 〈보편지장(普遍智藏)반야바라밀다심경〉, "佛所護念(불소호념) 入於慧光三昧正受(입어혜광삼매정수) 入此定已(입차정이) 以三昧力(이삼매력) 行深般若波羅蜜多時(행심반야바라밀다시) **照見五蘊自性皆空(조견오온자성개공).**" 여기서 "正受(정수)"는 삼매를 한역한 것이고, 삼매정수(三昧正受)는 산스크리트어와 그 뜻을 나란히 함께 쓴 것이다.

71

이라는 삼매에 들어 있었다. 이 때 대중 가운데 '관세음자재'라는 대보살이 한 명 있었다. 그 보살이 깊은 지혜를 완성하는 수행을 해가고 있을 때, 존재의 다섯 요소[오온]는 다 그 실체가 없는 것[空 공]들임을 꿰뚫어봤다"[62]고 번역되어 있다. 이 두〈반야심경〉을 통해 우리는 관찰은 삼매상태에서 하는 것이고, 그 삼매는 '매우 깊게 꿰뚫어봄의 삼매'이고, 이것은 존재의 다섯 요소[오온]의 실체 없음을 꿰뚫어볼 수 있는 관찰삼매임을 알 수 있다. 이것을 보면, "깊은 지혜를 완성하는 수행을 해가고 있을 때"라는 말은 '관찰삼매에 들어서 존재의 다섯 요소[오온]를 관찰해가며, 깊은 지혜를 완성하는 수행을 해가고 있을 때'라는 뜻임을 알 수 있다.

여기서 '깊다'는 의미의 "深(심)"에 주목해야 한다. 왜냐하면 지혜도 깊은 지혜가 있고, 얕은 지혜가 있기 때문이다. 얕은 지혜는 단순히 몸의 움직임이나 표피적인 감각, 들숨날숨 등을 알아차릴 수 있을 정도의 지혜이다. 깊은 지혜는 얕은 지혜를 많이 닦은 결과, 생기는 지혜로서 오온(五蘊), 칠각지(七覺支) 등의 미세한 현상들까지 다 알아차릴 수 있는 밝은 지혜이다. 극도로 밝은 지혜[極智극지]가 반야[慧혜]다.〈염처경(念處經)〉과〈대념처경(大念處經)〉에서 사념처(四念處)[63]를 관찰해가는 부처님 수행법을 설명하는 데 있어

---

62 〈대정신수대장경〉제8권, 지혜류 한역〈반야심경〉850a11, "爾時世尊(이시세존)。入三摩地(입삼마지)。名廣大甚深照見(명광대심심조견)。時衆中有一菩薩摩訶薩(시중중유일보살마하살)。名觀世音自在(명관세음자재)。行甚深般若波羅蜜多行時(행심심반야바라밀다행시)。照見五蘊自性皆空(조견오온자성개공)"

63 사념처(四念處)는 '머물러서 관찰해야 하는 네 가지 대상'이라는 뜻으로, 신수심법(身受心法)을 말한다. 身(신)은 몸의 동작, 몸의 감각, 몸의 물질현상 등이고, 受(수)는 느낌이다. 心(심)은 마음의 상태이고, 法(법)은 마음에서 일어났다가 사라지는 현상들이다.

서 법념처(法念處)에 대한 설명이 가장 뒤에 나오는데, 오개(五蓋), 오온(五蘊), 칠각지(七覺支) 등의 법념처를 관찰할 수 있는 지혜가 깊은 지혜이다.

들숨, 날숨, 몸의 동작, 몸의 감각, 몸의 상태[**身신**], 좋음, 싫음, 괴로움, 즐거움 등 마음의 느낌들[**受수**], 집중, 산만, 들뜸, 안정, 멍함, 졸림, 깨어있음 등의 마음의 상태[**心심**], 느낌[受수], 인식[想상], 업 지음[行행], 식별작용[識식] 등 마음에서 일어났다가 사라지는 현상들[**法법**]을 알아차림 해가며, 관찰해가는 사념처수행은 얕은 데에서 시작해서 수행해감에 따라 점점 더 깊이 관찰할 수 있는 지혜의 눈을 얻게 된다. 대한불교조계종 강원의 필수교과목 중 하나인〈능엄경〉에 "사마타를 닦는 가운데 모든 부처님의 위빠사나를 써서 청정하게 닦고, 증득해 들어가서 점점 더 깊이 들어간다"[64]는 내용이 나온다. 이것은 부처님 수행법인 위빠사나 관찰수행을 많이 하면, 점점 더 밝은 지혜의 눈을 얻게 된다는 사실을 말해주고 있다. 반야와 리언 등이 공동 한역한〈반야심경〉을 보면, 그 첫 머리에 다음과 같은 내용이 나온다.

"이와 같이 내가 들었다. 한 때 부처님께서 많은 대비구와 대보살들과 함께 왕사성 칠엽굴 산속에 계실 때에 불세존께서는 '매우 깊음[廣大甚深광대심심]'이라는 삼매에 들어 있었다. 이 때 대중 가운데 '관자재'라는 대보살이 한 명 있었다. 그가 깊은 지혜를 완성하는 수행을 해가고 있을 때, 존재의 다섯 요소[오온]는

64　〈능엄경〉제8권. "奢摩他中(사마타중) 用諸如來毘婆舍那(용제여래비파사나) 淸淨修證(청정수증) 漸次深入(점차심입)." 위빠사나는 빨리어이고, 산스크리트어는 '비파사나(毘婆舍那)'로 발음한다.

다 실체가 없는 것들[호공]임을 꿰뚫어보고, 모든 괴로움에서 벗어나게 되었다. 이 때 사리불존자가 부처님의 불가사의한 힘에 의해 관자재보살에게 합장하여, 공경의 예를 표한 뒤에 물었다. **"만약 어떤 선남자가 매우 깊은 지혜를 완성하는 수행을 하려고 하면, 어떤 방법으로 수행해야 합니까?"** 그렇게 묻자, 관자재보살이 답했다. **"사리불존자여, 만약 선남자 선여인이 매우 깊은 지혜를 완성하는 수행을 하려고 하면, 존재의 다섯 요소[오온]는 다 실체가 없는 것들[호공]임을 관찰해야 합니다."**[65]

위의 〈반야심경〉 원문에서 "매우 깊은 지혜를 완성하는 수행을 하려고 하면, 존재의 다섯 요소[오온]는 다 실체가 없는 것들[호공]임을 관찰해야 한다"고 말하고 있다. 존재의 다섯 요소[오온]를 관찰해가는 것이 위빠사나다. 이 〈반야심경〉 문장의 뒷부분에서 부처님께서 다음과 같이 말했다. "그대가 [방금] 이렇게 저렇게 말한 것처럼 매우 깊은 지혜를 완성하는 수행을 할 때는 이와 같은 방법으로 해야 한다. 이와 같은 방법으로 수행할 때 모든 여래가 다 따라서 기뻐할 것이다."[66] 그런데 한국불교에서는 이와 같이 존재의 다섯 요소를 관찰해가며, 깊은 지혜를 닦고 있는가? 유감스럽게

---

65 반야와 리언 등이 공동 한역한 〈반야심경〉. "舍利子(사리자)。若善男子善女人(약선남자선여인)行甚深般若波羅蜜多行時(행심심반야바라밀다행시)。應觀五蘊性空(응관오온성공)." 이 원문의 끝 부분의 '五蘊性空(오온성공)'에서 性(성)은 산스크리트어 원문 '스바바바(svabhāva)'를 번역한 것이고, 이것은 '실체'라는 뜻이다. 스바바바는 實體(실체), 自性(자성), 本性(본성), 體性(체성) 등으로 한역돼 있다.
66 〈반야바라밀다심경〉반야공리언등역(般若共利言等譯) 849c25, "如汝所說(여여소설)。甚深般若波羅蜜多**行**(심심반야바라밀다**행**)。應如是行(응여시행)。如是行時(여시행시) 一切如來皆悉隨喜(일체여래개실수희)."

74

도 한국 전통불교에서는 존재의 다섯 요소를 관찰하지 않는다고 말할 수 있다.

2) "행심반야바라밀다시"는 "행심반야바라밀다행시(行深般若波羅蜜多行時)"로 교정해서 번역해야 한다

〈반야심경〉의 "행심반야바라밀다시(行深般若波羅蜜多時)"는 정확하게 한역된 것이 아니다. 이것은 '행심반야바라밀다**행**시(行深般若波羅蜜多**行**時)'로 한역되어야 한다. 왜냐하면 이것은 산스크리트어 원문의 "감비람gambhīrām(深심,깊은) 쁘라야prajñā(般若반야,지혜)-빠라미따pāramitā(波羅蜜多바라밀다,완성)-짜리얌caryām(**行행**,수행) 짜라마나caramāṇa(行행,닦고 있는 중)"를 번역한 것이기 때문이다. 총8개의 〈반야심경〉 한역본들 중 지혜륜의 한역과 반야·이언의 한역만이 이 부분을 "행심심반야바라밀다**행**시(行甚深般若波羅蜜多**行**時)"로 한역하여, 옳게 번역해 놓았다.[67] 나머지 6개의 한역본은 번역하면서 '수행'의 의미인 "**行**(행)"자를 빼버리고 번역해 놓았다. 그럼 왜 이와 같이 '수행'의 의미인 "行

---

[67] 지혜륜의 한역 〈반야심경〉850a13, "觀世音自在(관세음자재). 行甚深般若波羅蜜多**行**時(행심심반야바라밀다**행**시). 照見五蘊自性皆空(조견오온자성개공)." 반야와 이언 등이 공동 한역한 〈반야심경〉849c05, "舍利子(사리자). 若善男子善女人(약선남자선여인)行甚深般若波羅蜜多**行**時(행심심반야바라밀다**행**시). 應觀五蘊性空(응관오온성공)." 반야와 이언 등이 공동 한역한 〈반야심경〉에는 이 표현이 두 번 나온다. 첫 번째 표현에서는 "行(행)"자를 빼버리고 다음과 같이 번역해 놓았다. "爾時(이시)衆中有菩薩摩訶薩(중중유보살마하살). 名觀自在(명관자재). 行深般若波羅蜜多時(행심반야바라밀다시). 照見五蘊皆空(조견오온개공). 離諸苦厄(이제고액)." 그러나 두번째 표현에서는 위의 849c05에서와 같이 "行(행)"자를 넣어서 번역해 놓았다.

(행)"자를 빼버렸을까? 그것은 번역자가 깊은 지혜를 완성하는 **수행**을 싫어해서 수행의 경전인 〈반야심경〉을 주문(呪文)의 경으로 둔갑시키기 위해 "行(행)"자를 빼버렸다고 볼 수 있다. "행심반야바라밀다**행**시"는 '깊은 지혜를 완성하는 **수행**에 전념하고 있을 때'라는 뜻이다.

3) "바라밀다"는 '건너갔다'는 뜻이 아니다

"바라밀다"는 '건너갔다'는 뜻이 아니고 '**완성**'이란 뜻이다. "**바라밀다**"[68], 즉 "빠라미따(pāramitā)"의 뜻을 의미단위로 나누어 분석해보면, '최고'라는 뜻의 '빠라미(pārami)'에 과거분사형어미 '따(tā)'가 붙어서 '최고 상태를 이룸', '**완성**' 등의 뜻이 된다. 그러나 "바라밀다"는 '저 언덕에 도달했다'는 뜻의 "도피안(到彼岸)", '건너갔다'는 뜻의 "度(도)" 등으로 한역되어 있다. 이러한 여러 한역들 중 '완성'이라는 뜻은 없다. 중국에서 불경을 한역하면서 "빠라미따(pāramitā)"를 '완성'으로 번역한 경우는 찾아볼 수가 없다. 그래서 우리는 여태껏 "반야바라밀다"를 '지혜로 저 언덕 너머로 건너가는 것'이나 '건너간 것'으로 해석해 왔다. 현장이 산스크리트어 〈반야심경〉의 각 단어의 뜻을 그 밑에 한자로 표기해 놓은 〈범한(梵漢)대조반야심경〉[69]을 보면, 현장은 "반야바라밀다"의 산

68　바라밀(波羅蜜)은 산스크리트어 pārami(빠라미)의 음(音)을 한자로 표기한 것이다. 여기서 한자 '蜜(밀)'은 〈반야심경〉을 한역할 당시에는 '미'로 발음되었던 것으로 보인다. 아무리 찾아도 '빠라밀'로 발음되는 산스크리트어 단어는 찾아볼 수가 없다.

69　이 〈범한(梵漢)대조 반야심경〉의 정확한 이름은 〈당범번대자음(唐梵翻對字音) 반야바라밀다심경(般若波羅蜜多心經)〉이다.

스크리트어 "쁘라야-빠라미따(prajñā-pāramitā)"를 "pra般**반**jñā 若**야**-pā波**바**ra羅**라**mi蜜**밀**tā多**다**"[70]로 표기해 놓았다. 즉 현장은 "반야바라밀다"를 중국말로 번역하지 않고 산스크리트어의 음을 한자로 표기하여, 그대로 사용하고 있는 것을 볼 수 있다. 그러나 현장의 실력으로 "반야바라밀다"를 '**지혜**의 **완성**'으로 번역하는 것은 전혀 어렵지 않았을 것이다. 그런데 왜 "반야바라밀다"를 번역하지 않고 이렇게 처리해 놓았을까? 그것은 '**지혜를 완성하는 수행**'이라는 뜻이 밖으로 모습을 드러내고 나오는 것을 원하지 않았기 때문이라고 본다. 지혜를 완성하는 수행보다는 신앙을 더 중시하고, 석가부처님의 법을 '소승법'이라고 말하며, 폄훼해온 대승불교의 번역자들은 이 부분에서 "지혜를 완성하는 **수행법**"이 모습을 드러내고 밖으로 나올까봐 염려했다고 볼 수 있다. 그래서 총 8명의 〈반야심경〉 한역가들 중 무려 6명이 "행심반야바라밀다**행**시(行深般若波羅蜜多**行**時)"로 번역해야 할 것을 '**수행**'의 의미인 "**행(行)**"자를 빼버리고 "행심반야바라밀다시"로 번역해 놓았고, 8종의 〈반야심경〉 한역본들 중 "반야바라밀다"를 중국말로 번역해 놓은 것은 하나도 없다. 석가부처님 불교를 "소승법"이라는 말로 내리쳐버렸고[71], 지혜를 완성해가는 개념이 없이 단박에 다 깨닫고, 단박에 다 닦아버려야 한다는 돈오돈수법(頓悟頓修法)을 주

70　이것은 원래 "缽囉(二合)(般)[言*我]攘(二合)(若)播(波)囉(羅)弭(蜜)哆(多)"로 표기되어 있다.

71　중국인들이 석가부처님의 법을 얼마나 경시하고, 멀리했는지는 〈아함경〉의 경우를 보면 알 수 있다. '부처님의 육성법문'이라고 할 수 있는 〈아함경〉은 AD. 340년대에 이미 한문으로 번역이 완료되어 있었지만, 〈아함경〉은 중국불교 역사상 출간되어서 유통된 적이 단 한 번도 없다. 그 결과 중국불교는 지혜를 완성하여, "오온개공"의 진리를 깨닫는 석가부처님의 법과 거리가 먼 불교가 되었다.

창하는 중국 선(禪)불교에는 지혜를 완성해가는 개념이 없다. 중국 역경가들은 지혜를 완성하는 수행방법을 말해주고 있는 〈반야심경〉을 주문의 경으로 만들어버렸다. 그 결과, 우리는 매일 〈반야심경〉을 외우지만 반야가 어떤 것인지 잘 모르고, "지혜를 완성하는 수행방법"에 대해 아는 바가 없다. "지혜를 완성하는 수행방법"을 알지 못 하면, "오온개공(五蘊皆空)"의 진리를 깨달을 수가 없고, 열반을 성취할 수 없다.

현장의 〈범한(梵漢)대조반야심경〉을 보면, 현장은 "prajñā(쁘라야)·지혜 pāramitā(빠라미따)·완성"를 '지혜의 완성'으로 번역하지 않고, 산스크리트어의 음을 한자로 표기하여, "반야바라밀다(般若波羅蜜多)"로 표기해 놓은 것을 볼 수 있다. 또 다른 〈범한대조반야심경〉을 보면, 거기에는 "prajñā(쁘라야)·智慧(지혜) pāramitā(빠라미따)·到彼岸(도피안)"으로 표기해 놓았다.[72] 그러나 "바라밀다"는 '도피안'이 아니라 '완성'으로 번역해야 한다.

"바라밀다(pāramitā)"를 '피안(彼岸)', '도피안(到彼岸)', '度(도)' 등으로 한역해 놓은 것은 문제가 많다고 볼 수 있다. 왜냐하면 "반야바라밀다"는 '지혜의 완성'이라는 뜻인데, '지혜로 피안에 도달하는 것'이라는 뜻으로 해석하여, 마치 반야용선(般若龍船)을 타고 피안의 세계로 건너가는 것처럼 번역해 놓았기 때문이다. 지혜의 완성은 관찰수행을 통해 지혜가 극도로 밝아져서 존재의 다섯 요소[오온]는 다 실체가 없는 것들임을 꿰뚫어보게 됨으로써 성취되

---

[72] 또 다른 한 〈범한(梵漢)대조반야심경〉을 보면, 거기에는 "prajñā(쁘라야)智(지), pārami(빠라미)彼岸(피안), itā(이따)到(도)"로 표기되어 있다. 여기서 pārami(빠라미)는 명사로서 '極(극)', '究竟(구경)' 등으로 한역되기도 한다. itā(이따)는 to arrive at, reach, obtain 등의 뜻을 가진 동사 i의 과거분사형이다. 그러나 이와 같은 구조로 본 것은 잘못 본 것이다.

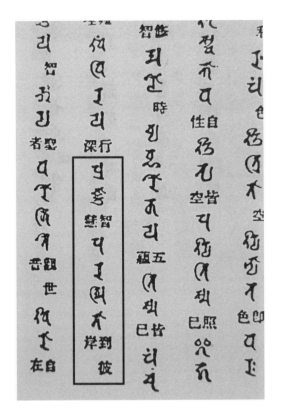

이것은 현장법사의 〈범한(梵漢)대조반야심경〉이외의 한 〈범한대조반야심경〉이다. 여기서는 "바라밀다(pārami-tā)"를 '도피안(到彼岸)'으로 번역해 놓았다.

는것이다.

그럼 중국의 불경 번역가들은 왜 "바라밀다"를 '완성'으로 번역하지 않고, "도피안(到彼岸)" 등으로 번역했을까? 그것은 앞에서 말했듯이 '지혜를 완성하는 수행방법'이라는 뜻이 모습을 드러내고 밖으로 나오는 것을 원하지 않았기 때문이라고 볼 수 있다. 만약 이 추측이 빗나간 것이라면, 중국의 중하근기(中下根機) 중생들을 실망시키지 않기 위해 그랬을 수도 있다. 중하근기 중생들은 더 많은 복을 받기를 원하고, 영생(永生)을 얻기를 원하지, 지혜가 완성되어서 자신이 소멸되기를 원하지 않는다. 그래서 〈반야심경〉의 한역가들이 깊은 지혜로 피안의 세계로 건너가서 거기서 영생을 누릴 수 있는 것처럼 번역해 놓았다고 볼 수 있다. 힌두교에서는 깨달아서 해탈하고 나면, 피안의 세계에서 영생을 누리는 개념이 있지만, 석가부처님 법에는 그런 개념이 없다. 하지만 〈반야심경〉을 한문으로 번역한 사람들은 마치 깊은 반야바라밀다를 닦아가다가 '오온이 다 공(空)한 것들'임을 꿰뚫어보고 나면, 피안의 세계가 펼쳐지는 것처럼 번역해 놓았다. 지혜가 완성되면 도달할 피안도 없고, "나"를 포함한 그 모든 것이 다 소멸되어서 공(空)이 돼버린다. 공(空), 즉 적멸열반은 의식을 포함한 모든 존재[73]가 다 해체되어서 다시는 다음 존재를 받지 않는 것이고, 더 이상 아무 것도 존재하지 않게 되는 것이다. 그러나 힌두교의 경전인 〈우파니샤드〉에는 다음과 같이 말해 놓았다.

"우리는 이 육신을 입은 채 아트만의 존재를 알아야 한다. 만약 그를 알지 못 하면, 큰 파멸이 있을 것이다. 그를 아는 자는 불멸(不滅)의 세계로 가고, 그렇지 못 한 자는 고통만 겪으리다."[74]
"만약 '내가 곧 아트만'이라는 진리를 깨닫는다면, 사람이 무엇을 욕망하고, 무엇 때문에 육신의 고통을 겪겠는가?"[75] "아트만은 스스로[76] 생겨났고, 유일한 힘의 존재이니, 그를 아는 자는 영생불멸(永生不滅)을 얻으리다."[77]

---

73 여기서 모든 존재는 오온, 12처, 18계 등을 의미한다.
74 〈우파니샤드〉이재숙 번역. 한길사. 2012년. 666쪽. 〈브리하다란야까 우파니샤드〉제4장 4편 14절
75 위의 책 666쪽, 〈브리하다란야까 우파니샤드〉제4장 4편 12절
76 '스스로'를 다른 번역에서는 '홀로'로 번역해 놓았다.
77 〈우파니샤드〉이재숙 번역. 한길사. 2012년. 441쪽, 〈슈베따슈바따라 우

〈반야심경〉을 한역할 당시에는 인도불교는 힌두교의 아트만 개념을 수용하여, 유식불교의 이론이 팽배해 있었고, 석가부처님 법을 "소승법"이라는 말로 내리쳐 버린 중국불교는 거의 힌두교가 되어 있었다. 거의 힌두교가 되어버린 불교가 후기 대승불교[78]라고 할 수 있다. 대승불교에서는 열반을 성취한 부처님은 피안의 세계로 건너가서 거기서 영생을 누리면서 불가사의한 힘과 대단히 밝은 지혜광명으로 중생들을 돌봐주는 존재로 바뀐다. 한국의 예불문에 "지심귀명례 시방삼세 제망찰해 **상주(常住)**일체 불타야중"[79]이라는 구절이 있다. 이것은 '시방과 삼세와 제망과 찰해에 **항상 머물러 계시는** 모든 부처님들께 지극한 마음으로 예배드린다'는 뜻이다. 대승불교에는 시방삼세에는 석가부처님뿐만[80] 아니라 법신 비로자나부처님, 아미타부처님 등 수많은 부처님이 있고, 그 부처님들은 열반을 성취한 뒤에 소멸되지 않고, 영원한 수명을 누리면서 중생들을 돌봐주고, 제도해주는 개념이 있다. 죽지 않고 영원한 수명을 누리면서 중생들을 제도해주는 부처님이 무량수불(無量壽佛) 아미타부처님이다. 여기서 무량수불은 '무한[無量무

파니샤드〉제3장 1절

78　필자는 여래장이나 불성, 자성, 진여 등의 개념을 가지고 있는 불교를 '후기 대승불교'라고 한다.

79　"至心歸命禮(지심귀명례) 十方三世(시방삼세) 帝網刹海(제망찰해) 常住一切(상주일체) 佛陀耶衆(불타야중)"

80　초기불교에는 부처님과 보살은 오직 석가모니 한 분밖에 없다. 그러나 대승불교에는 수많은 부처님과 보살들이 등장한다. 초기불교의 부처님은 역사적인 부처님이다. 그러나 대승불교의 불보살들은 역사적인 분이 아니라 신화적인 분들이라고 볼 수 있다. 신앙불교, 종교불교로서의 불보살은 대승불교의 것이 더 낫다고도 볼 수 있다. 그러나 수행불교로서의 부처님, 나의 스승으로서의 부처님은 초기불교의 것이 맞는다고 본다.

81

량]한 수명[壽수]의 부처님'이라는 뜻이다.

"바라밀다"를 '완성'으로 번역하지 않고, "도피안(到彼岸)" 등으로 번역해 놓은 것은 석가부처님 가르침보다는 힌두교에 더 가까웠던 대승불교의 역경가들이 불교경전을 한문으로 번역하면서 자신들의 입맛에 맞게 번역해 놓았다고 볼 수 있다.

필자는 "행심반야바라밀다**행**시(行深般若波羅蜜多**行**時)"를 '깊은 지혜를 완성하는 수행에 전념하고 있을 때'라고 번역했다. 어떻게 해서 이런 번역이 나왔는지 산스크리트어 원문을 통해 알아보자.

4) 산스크리트어본을 통해 본 "행심반야바라밀다행시"의 뜻 확인

'깊은 지혜를 완성하는 수행에 전념하고 있을 때'는 산스크리트어 원문 "**감비람**gambhīrām[深심, 깊은] **쁘라야**prajñā[般若반야, 지혜] - **빠라미따**pāramitā[波羅蜜多바라밀다, 완성] - **짜리얌**caryām[行行, 수행] **짜라마나**caramāṇaḥ[行行, 닦아갈 때]"를 번역한 것이다. 여기서 "**감비람**gambhīrām[深심, 깊은] **쁘라야**prajñā[般若반야, 지혜] - **빠라미따**pāramitā[波羅蜜多바라밀다, 완성] - **짜리얌**caryām[行行, 수행]"은 '깊은 지혜를 완성하는 수행'이라는 뜻이다. 짜라마나 caramāṇaḥ는 '닦는다'는 뜻의 동사 짜car[81]의 진행형으로서 '~을 닦고 있는 중에', '~에 전념하고 있는 중'이라는 뜻이다. 따라서 "감비람gambhīrām[深심, **깊은**] 쁘라야prajñā[般若반야, **지혜**] - 빠라미따pāramitā[波羅蜜多바라밀다, **완성**] - 짜리얌caryām[行行, **수행**] 짜라마나caramāṇaḥ[行行, **닦아갈 때**]"는 '깊은 지혜를 완성하

---

81 산스크리트어 car(짜)는 '수행한다'는 뜻으로, 修(수), 行(행), 住(주), 修行(수행), 勤修(근수), 奉行(봉행), 遊行(유행) 등으로 한역되어 있다.

는 수행에 전념하고 있을 때'라는 뜻이다.

"**행**심반야바라밀다**행**시(**行**深般若波羅蜜多**行**時)"는 '행(行)'자가 두 번 나와서 그 뜻을 새기는 것이 어렵게 느껴질 수도 있다. 그래서 다음과 같이 이 부분을 의미단위로 묶어보면, 이 부분의 문장구조를 쉽게 이해할 수 있다.

深般若波羅蜜多(심깊은반야지혜바라밀다완성) : 깊은 지혜의 완성

〈深般若波羅蜜多〉**行**(〈심깊은반야지혜바라밀다완성〉**행**수행) : 〈깊은 지혜를 완성하는〉**수행**

行〈深般若波羅蜜多行〉時(**행**닦고 있다〈심깊은반야지혜바라밀다완성 행수행〉시때) : 〈깊은 지혜를 완성하는 수행〉을 해가고 있을 때 = 〈깊은 지혜를 완성하는 수행〉에 **전념하고 있을** 때

照見五蘊**自性**皆空(조견오온**자성**개공) : 존재의 다섯 요소[오온]는 다 **실체**가 없는 것들[空공]임을 꿰뚫어보고,

度一切苦厄(도일체고액) : 모든 괴로움에서 벗어나게 되었다.

4. 조견오온개공照見五蘊皆空 도일체고액度一切苦厄

조견오온개공(照見五蘊皆空) : 존재의 다섯 요소[오온]는 다 실체가 없는 것들[空공]임을 꿰뚫어보고,

도일체고액(度一切苦厄) : 모든 괴로움에서 벗어나게 되었다.

1) 조견오온개공(照見五蘊皆空)

꿰뚫어봄이나 비추어 봄은 반야지혜로 밝게 보는 것

"조견오온개공(照見五蘊皆空)" 부분이 다른 한역본에는 어떻게 번역되어 있는지 살펴보면 다음과 같다.

구마라집 - **照見**五陰空(**조견**오음공)

현장 - **照見**五蘊皆空(**조견**오온개공)

법월 - **照見**五蘊自性皆空 彼**了知**五蘊自性皆空

　　　(**조견**오온자성개공 피**료지**오온자성개공)

반야 · 리언 - **照見**五蘊皆空(**조견**오온개공)

법성 - **觀察照見**五蘊體性悉皆是空(**관찰조견**오온체성실개시공)

지혜륜 - **照見**五蘊自性皆空(**조견**오온자성개공)

시호 - **觀見**五蘊自性皆空(**관견**오온자성개공)

照見(조견) 照(조) 비출 조. 見(견) 볼 견. 照見(조견) 밝은 지혜로 비추어 봄, 밝게 봄, 꿰뚫어봄, 깨달음

위의 7종의 〈반야심경〉 한역본을 보면 "照見(조견)"을 쓴 것이 5개, "觀見(관견)", "觀察照見(관찰조견)"을 쓴 것이 하나씩 있다. "照見(조견)"은 '밝게 보았다', '비추어 보았다', '꿰뚫어봤다'는 뜻이다. "照見(조견)"의 산스크리트어 원어 "비-아바-로까야띠(vy-ava-lokayati)"는 '관찰한다'는 뜻의 비-아바-록(vy-ava-lok)의 사역형으로서 '세밀하게 관찰했다', '꿰뚫어봤다'는 뜻이다. '비-아바-록(vy-ava-lok)'에서 '비-아바(vy-ava)'는 분별(分別), 미세(微細), 상세(詳細) 등의 뜻이고, '록(lok)'은 영어의 look에 해당하는 것으로, '관찰한다'는 뜻이다. 비-아바-록(vy-ava-lok)은 觀(관), 觀察(관찰), 觀達(관달), 觀見(관견), 觀察照見(관찰조견), 照見(조견) 등으로 한역되어 있다. 여기서 **"觀達(관달)"**은 '**관찰해서 통달했다**'는 뜻이고, **"觀見(관견)"**은 '**관찰해서 보았다**'는 뜻이다. 또 **"觀察照見(관찰조견)"**은 '**관찰해서 꿰뚫어봤다**'는 뜻이다. 이 경우를 통해 알 수 있듯이 불교경전에서의 관찰은 주로 '관찰한다'는 뜻이지만 때로는 '관찰해서 꿰뚫어봤다'는 뜻이다. 앞에서 말했듯이 지혜는 "밝음"이다. 밝음을 관찰대상에 갖다 대어서 그 대상을 있는 그대로 보는 것이 '비추어 봄'이다. 자신의 몸과 마음에 의식을 집중해서 관찰해감으로써 지혜를 완성해 가다가 매우 깊은 지혜에 접어들면, 어느 한 순간 지혜가 극도로 밝아져서 존재의 다섯 요소[오온]의 실체 없음이 보여 오는 때가 있다. 그 보여 옴이 바로 '비추어 봄'이고, '꿰뚫어봄'이며, '밝게 알게 되는 것'이고, '불교의 바른 깨달음'이다.

불교의 바른 깨달음은 존재의 다섯 요소[오온]의 실체 없음을 꿰뚫어보는 것

깨달음도 여러 종류, 여러 수준의 깨달음이 있다. 중국 선불교에서는 "견성(見性)"이라고 하며, 자기 마음자리를 보는 것을 '깨달음'이라고 말한다. 그러나 존재의 다섯 요소[오온]는 다 실체가 없는 것들임을 꿰뚫어보는 깨달음이 아니면, 그것은 '불교의 바른 깨달음'이라고 말할 수 없다. 불교의 바른 깨달음은 〈반야심경〉에서 말하고 있듯이 자신의 몸과 마음을 관찰하여, 존재의 다섯 요소[오온]는 다 실체가 없는 것들임을 꿰뚫어보는 것이다. 석가부처님 법에는 중국 선불교에서 말하는 그런 개념의 "견성"이나 "참나" 따위는 없다. 오히려 부처님은 그와 반대로 "오온자성개공(五蘊自

性皆空)⁸²", "무자성(無自性)", 즉 "자성이 없다"고 말하고, "무아(無我)", 즉 "나 없음"을 말한다. "나"가 없는데, 어떻게 "참나"가 있을 수 있겠는가?

'꿰뚫어봄'이나 '깨달음'의 전제조건은 관찰이다

앞에서 말했듯이 꿰뚫어봄의 전제조건은 **관찰**이다. 한 대상을 지속적으로 관찰하여, 그 대상의 성질을 깊이 이해해들어가야 그것의 궁극적인 실체를 볼 수 있기 때문이다. 또 제대로 관찰하기 위해서는 관찰대상에 마음을 고정시켜서 머물 수 있어야 한다. 범부중생들의 마음처럼 마음이 한 대상에 머물지 못 하고, 생각을 타고 계속 다른 대상으로 옮겨 간다면, 관찰대상을 제대로 관찰할 수 없기 때문이다. 〈반야심경〉에서 말하는 관찰대상은 오온이다.

오온개공(五蘊皆空)

사람들이 "〈반야심경〉의 핵심어는 오온개공(五蘊皆空)"이라고 할 만큼 오온개공은 중요하다. 하지만 "오온개공"이 무슨 뜻인지 알기는 매우 어렵다. 바로 이 앞에서 여러 한역들을 살펴보았지만 "오온개공"에 해당하는 부분만 따로 떼 내어 보면 다음과 같다.

구마라집 – 五陰空(오음공)
현장 – 五蘊皆空(오온개공)
법월 – 五蘊**自性**皆空(오온**자성**개공)

---

82 "오온자성개공(五蘊自性皆空)"은 "존재의 다섯 요소[오온]는 다 실체가 없는 것들"이라는 뜻이고, 이것은 "무자성(無自性)", 즉 "자성이 없다"는 말이고, "무아(無我)"와 같은 뜻이다.

반야·이언 – 五蘊皆空(오온개공)

법성 – 五蘊**體性**悉皆是空(오온**체성**실개시공)

지혜륜 – 五蘊**自性**皆空(오온**자성**개공)

시호 – 五蘊**自性**皆空(오온**자성**개공)

위의 7개의 한역 중 구마라집은 "오온개공(五蘊皆空)" 대신 "五陰空(오음공)"으로 번역하여, '皆(개)[83]'가 빠져 있는 것을 볼 수 있다. "오음공(五陰空)", "오온개공", "오온자성개공(五蘊自性皆空)" 등은 '오온은 다 실체가 없는 것들'이라는 말이다. 이 말은 '오온이 있긴 있는데, 실체가 없이 있다'는 뜻이다.

깨달음의 내용은 오온개공

〈반야심경〉에서 말하는 깨달음의 내용은 "오온개공(五蘊皆空)"이다. 그럼 오온개공은 무슨 뜻인가? 조계종 〈한글 반야심경〉에서는 "조견오온개공(照見五蘊皆空)"을 "오온이 공한 것을 비추어 보고"라고 번역해 놓았다. 그런데 "오온이 공한 것"이라는 말은 그 뜻을 알기가 매우 어렵다. "오온개공"을 쉬운 말로 번역하면, '존재의 다섯 요소[오온]는 다 실체가 없는 것들'이라고 번역할 수 있다. 오온, 즉 몸의 물질현상[色색], 느낌[受수], 인식[想상], 업 지음[行행], 식별작용[識식] 등은 다[皆개] 실체가 없는 것들[空공]'이란 말이다.

---

83 이 皆(개)는 산스크리트어 tāṃś(탐쓰)를 번역한 것이다. tāṃś(탐쓰)는 영어의 those(그것들)와 같은 뜻이다. tāṃś(탐쓰)는 영어의 that, it, the에 해당하는 산스크리트어 tad(타드)의 복수호격형인 tān(탄)이 그 뒤에 나오는 ca(짜)의 영향을 받아서 변형된 형태다.

오온(五蘊)이란?

오온의 5요소에 대한 모호한 설명들

오온은 한자어 색(色), 수(受), 상(想), 행(行), 식(識)을 일컫는 말이다. 오온은 산스크리트어 "판차스칸다(pañca-skandha)"를 번역한 것이고, 이것은 五蘊(오온), 五取蘊(오취온), 五聚(오취), 五衆(오중), 五陰(오음) 등으로 한역되어 있다. "판차((pañca)"는 '5'라는 뜻이고, "스칸다(skandha)"를 번역한 蘊(온)[84], 聚(취)[85], 衆(중)[86] 등은 '한데 모인 것', '집합체'라는 뜻이다.[87] 그래서 필자는 오온을 **존재의 다섯 요소** 또는 '다섯 요소의 집합체'로 번역했다.[88]

그런데 "색(色), 수(受), 상(想), 행(行), 식(識)", 이 다섯 요소를 쉬운 말로 번역하면 '뭐'라고 해야 할까? 사전에서 오온을 찾아보자. 다음(daum) 〈위키백과사전〉에는 오온을 "색온(色蘊: 육체, 물질), 수온(受蘊: 지각, 느낌), 상온(想蘊: 표상, 생각), 행온(行蘊: 욕구, 의지), 식온(識蘊: 마음, 의식)"으로 설명해 놓았다. 또 네이버 〈두산대백과사전〉에는 오온을 아래와 같이 설명해 놓았다.

---

84 蘊(온)은 쌓일 온. 한데 모임. 축적함.

85 聚(취)는 모일 취. 회합(會合)함. 모임. 무리.

86 衆(중)은 무리 중. 많을 중. 수가 많음.

87 〈옥스포드 산스크리트어-영어 대사전〉을 보면, 스칸다(skandha)는 aggregate(집합체), elements(요소, 성분, 구성분자), constituent(요소, 성분) 등으로 번역되어 있다.

88 그럼 오온을 영어로 어떻게 번역해 놓았을까? 막스 밀러(F. Max Muller)는 오온을 five aggregates(skandhas)로 번역했고, 콘츠는 five heaps, five skandhas 등으로 번역했다. 또 도널드 로페즈는 오온을 five aggregates로 번역했고, 현각 스님은 five skandhas로 번역했다. 참고로 말하면 산스크리트어 skandh(스칸드)는 '모으다', '모이다', 'to collect' 등의 뜻이다.

"色(색)은 물질요소로서의 육체를 가리키고, 受(수)는 감정·감각과 같은 고통·쾌락의 감수(感受)작용을 의미하고, 想(상)은 심상(心像)을 취하는 취상작용으로서 표상·개념 등의 작용을 의미한다. 行(행)은 수(受), 상(想), 식(識) 이외의 모든 마음작용을 총칭하는 것으로서 그 중 특히 의지작용·잠재적 형성력을 의미한다. 識(식)은 인식판단의 작용, 또는 인식주관으로서의 주체적인 마음을 가리킨다."

위의 두 사전의 설명은 개념정의가 명료하지 못 해서 좀 부족하다고 할 수 있다. 필자는 동서고금의 어떤 사전, 어떤 책에서도 색, 수, 상, 행, 식의 개념을 정확하고도 명료하게 설명해 놓은 것을 찾아볼 수가 없었다. 석가부처님 불교에 있어서 색, 수, 상, 행, 식은 중요한 단어이기 때문에 경전에 많이 나온다. 그러나 〈아함경〉,〈니까야〉,〈반야심경〉 등의 경전에서 색, 수, 상, 행, 식을 정확하게 번역하지 못하여, 그 내용이 이해하기 어렵거나 다른 뜻으로 해석되고 있다. 그럼 이제부터 색, 수, 상, 행, 식이 무엇을 의미하는지 한 번 알아보자.

오온의 정확한 개념

오온(五蘊)에서의 '오(五)'는 색(色), 수(受), 상(想), 행(行), 식(識) 이 **다섯**을 일컫는 말이고, **온(蘊)**은 산스크리트어 skandha(스칸다)[89] 를 번역한 것이고, 이것은 '다수(多數)', **'모여 있음'**, '덩어리', '**집합**

---

89 skandha(스칸다)는 대중, 다수, 집단, 집합체, 유기체 등의 뜻으로, 聚(취), 蘊(온), 衆(중) 등으로 한역되어 있고, multitude(다수, 무수함), aggregate(집합체, 집단) 등으로 영역되어 있다. 참고로 산스크리트어 skandh(스칸드)는 '모으다', '모이다', 'to collect' 등의 뜻이다.

체', '유기체(有機體)', '구성요소' 등의 뜻이다. 즉 오온은 "나"를 구성하고 있는 '다섯 요소'라는 뜻이다. "나"는 물질요소인 색과 정신요소인 수, 상, 행, 식으로 이루어진 하나의 집합체이고, 유기체[90]이다. 그럼 색, 수, 상, 행, 식을 뭐라고 번역해야 할까? 번역에 앞서 우선 그 개념을 잡아야 하는데, 개념이 명확하지 않다. 해설자에 따라 오온의 5요소에 대한 해석이 다르고, 그 중 어느 것도 분명하게 설명해주지 못 하고 있는 것이 현실이다. 색, 수, 상, 행, 식은 중국, 한국, 일본, 티베트, 구미 등지에서도 딱 맞는 말로 번역하지 못 하고 있다고 말할 수 있다. 그래서 색, 수, 상, 행, 식이 들어 있는 경전의 문장은 그 뜻이 쉽게 와 닿지 않는다. 그래서 오온의 5요소의 개념을 분명한 언어로 정리해 볼 필요가 있다고 생각하여, 오온에 대한 해석을 붙여봤다. 자의적인 해석을 지양하고, 여러 경전과 논서를 참고하여, 좀 더 정확하고도 명료하게 해석하는 것을 원칙으로 삼았다.

결론부터 말하면 필자는 "색(色)", "수(受)", "상(想)", "행(行)", "식(識)"을 각각 '몸의 물질현상[色색]', '느낌[受수]', '인식[想상]', '업지음[行행]', '식별작용[識식]'으로 번역했다. 다른 사람들은 이것들을 어떻게 번역해 놓았는지를 한 번 보고, 이와 같이 번역해야 하는 까닭을 말하겠다.

(1) 색(色, rūpa루빠) : 몸의 물질현상

오온의 색(色)을 '뭐'라고 번역해야 할까? 이것은 매우 중요한 질

---

90 유기체(organic body)는 살아있는 식물, 동물, 미생물의 총칭이다. 유기체는 생물에서 유기적으로 이루어진 생활기능을 가진 조직체를 일컫는 말이다.

문이다. 왜냐하면 이 색을 제대로 번역하지 못하여, 〈반야심경〉이
완전히 엉뚱한 방향으로 해석되고 있기 때문이다. 전 세계의 역경
가들이 이 색(色)을 '물질', '몸', 'form(형상)' 등으로 번역해 놓았
다. 하지만 이것은 **'몸의 물질현상'**으로 번역해야 한다. 왜냐하면
경론에는 색이 다음과 같이 정의되어 있기 때문이다.

경론에 나오는 색(色)에 대한 정의
〈잡아함경〉 제46경에서 부처님은 색에 대해 다음과 같이 정의해
놓았다.

> "만약 부딪히거나 걸릴 수 있고, 쪼갤 수 있는 것이라면, 이것을
> '몸의 물질현상의 덩어리[色蘊색온]'라고 한다. 부딪히거나 걸리
> 는 것으로서〈손, 돌, 막대기, 칼, 차가움, 따뜻함, 목마름, 굶주
> 림, 모기나 등에[91]와 같은 온갖 독충, 바람, 비〉 등에 부딪히는 것
> 들을 '부딪히고 걸리는 것들'이라고 한다. 그러므로 이 부딪히
> 고 걸리는 것들이 몸의 물질현상의 덩어리이다. 이 몸의 물질현
> 상의 덩어리는 계속 변하여, 고정된 것이 없는 것들이고, 괴로
> 운 것들이며, 변하기 쉬운 것들이다."[92]

색은 나를 구성하고 있는 다섯 요소 중 형태를 갖고 있고, 공간을
차지하고 있어서 '부딪히고 걸리는 것들'이라는 말이다. 또 〈증일

---

91 등에는 동물의 피를 빨아먹는 쇠파리라고 보면 된다.
92 〈신수대장경〉 제2권.〈잡아함경〉 제46경. 011b26 "若可閡可分。是名色受
陰。指所閡。若手·若石·若杖·若刀·若冷·若暖·若渴·若飢·若蚊·若虻·諸毒虫·風·雨
觸。是名觸閡 是故陰是色受陰。復以此色受陰無常·苦·變易" *閡 닫을 애, 밖에서 닫
음. 막을 애. 안에 넣고 막음. 거리낄 핵. 한 곳에 정체함.

아함경〉제28경에서 부처님은 색(色)과 색온(色蘊)에 대해 다음과 같이 설명해 놓았다.

> "어떤 것이 '색온(色蘊)'인가? 색온은 이 사대(四大)[93]로 이루어 진 **몸**이고, 사대가 만들어낸 색(色)이다. 이런 것들을 '색온(色蘊)'이라고 한다."[94]

> "어떤 것을 '색(色)'이라고 하는가? '색'이란 [몸의] 추움[95]도 색 이고, 더움도 색이며, 배고픔도 색이고, 목마름도 색이다."[96]

위의 설명에서 "색(色)" 자리에 '물질'을 대입하면, '추움도 물질' 이고, '더움도 물질이며, 배고픔도 물질이고, 목마름도 물질'이라 는 뜻이 된다. '목마름이 물질'이라니? 이것은 말이 되지 않는다. 그런데 이 색 자리에 '몸의 물질현상'을 집어넣으면, 다음과 같은 뜻이 되어서 그 의미가 딱 맞아떨어진다.

> "어떤 것이 '몸의 물질현상의 덩어리[色蘊색온]'인가? 그것은 사 대(四大)로 이루어진 **몸**이고, 사대(四大)가 만들어낸 몸의 물질 현상[色]이다. 이런 것들을 '몸의 물질현상의 덩어리'라고 한다."

---

93 사대(四大)는 우리 몸을 구성하고 있는 지(地), 수(水), 화(火), 풍(風)이다.
94 〈신수대장경〉제2권. 〈증일아함경〉28권. 707b06 "云何爲色陰(운하위색음). 所謂(소위)此四大**身**(차사대**신**). 是四大所造色(시사대소조색). 是謂名爲色陰也(시위명위색음야)"
95 여기서 추움은 추위를 느끼는 현상이다.
96 〈신수대장경〉제2권. 〈증일아함경〉28권. 707b13 "彼云何名爲色(피운하명위색). 所謂色者(소위색자). 寒亦是色(한역시색). 熱亦是色(열역시색). 飢亦是色(기역시색). 渴亦是色(갈역시색)"

"어떤 것을 '몸의 물질현상[色]'이라고 하는가? 추위를 느끼는 것도 몸의 물질현상이고, 더위를 느끼는 것도 몸의 물질현상이며, 배고픔도 몸의 물질현상이고, 목마름도 몸의 물질현상이다."

여기서는 **지수화풍**(地水火風)**으로 이루어져 있는 몸과 지수화풍이 어우러져서 만들어내는 온갖 몸의 현상**을 '몸의 물질현상'이라고 정의하고 있다. 한기(寒氣), 열기(熱氣), 배고픔, 목마름, 호르몬 작용, 몸의 달아오름, 가려움, 통증, 육체적 쾌감 등이 다 몸의 물질현상이다. 여기서 몸의 물질현상[色]은 내 몸에서 일어나고 있는 물리·화학적인 현상들을 통 털어서 일컫는 말로 해석할 수 있다. "색(色)"은 '몸의 물질현상'이라는 말이다.

부처님께서 몸의 물질현상[색]에 대해 다음과 같이 말했다.

"어떤 것이 **색(色)**, 즉 **몸의 물질현상**에 대해 사실대로 아는 것인가? 존재하는 온갖 몸의 물질현상, 즉 4대 요소[四大사대][97]와 4

97 4대 요소는 지수화풍(地水火風)이다. 사람의 몸을 구성하고 있는 것 가운데 뼈, 근육 등 몸을 지탱하고 있는 단단한 성질의 것은 지대(地大)에 속하고, 혈액, 정액, 침, 콧물, 땀 등 축축하게 젖게 하고, 흐르는 성질의 것은 수대(水大)에 속한다. 따뜻함으로 먹은 음식을 소화시키게 하는 성질의 것은 화대(火大)에 속한다. 들숨과 날숨으로 이루어져서 생명력[氣기]을 더욱 왕성하게 만드는 성질의 것은 풍대(風大)에 속한다. 바람, 에너지의 요소[風大풍대]는 우리를 활동하게 하고, 성장시키며, 왕성하게 한다. 몸을 구성하고 있는 이 4요소를 '사대(四大)'라고 한다. 사대의 조화가 깨질 때 몸에 이상이 오고, 병이 생긴다. 죽음은 사대가 제각기 흩어지는 것이다. 〈구사론〉 제1권에 다음과 같은 내용이 나온다. 003b05 "이와 같이 점차적으로 생성되게[成성] 하고, 유지시키며[持지], 영양분을 끌어당기고[攝섭], 소화시켜서[熟숙], 성장하게[長장] 하는 네 가지 업이 있다(如其여기次第차제能成持攝熟長능성지섭숙장四業사업). 땅의 요소는 형체를 유지시키고(地界能持지계능지), 물의 요소는 영양분

93

대 요소가 만들어내는 온갖 몸의 물질현상을 '색(色)'이라고 한
다.[98] 이와 같이 아는 것이 색(色), 즉 몸의 물질현상에 대해 사실
대로 아는 것이다."

"어떤 것이 몸의 물질현상의 생성 원인에 대해 사실대로 아는
것인가? 갈애와 즐겨 탐함이 '몸의 물질현상의 생성 원인'이라
고 아는 것[99]이 몸의 물질현상의 생성 원인에 대해 사실대로 아
는 것이다.

어떤 것이 몸의 물질현상의 소멸에 대해 사실대로 아는 것인가?
갈애와 즐겨 탐함의 소멸이 '몸의 물질현상의 소멸'이라고 아는
것이 몸의 물질현상의 소멸에 대해 사실대로 아는 것이다."[100]

을 흡수하게 하고(水界能攝수계능섭). 불의 요소는 먹은 음식을 소화시키고
(火界能熟화계능숙), 바람의 요소는 에너지가 되어서 성장시킨다(風界能長풍
계능장). 성장시킨다는 것은 몸이 점차 왕성하게 되는 것이다(長謂增盛장위
증성)."…….003b08 "땅의 요소는 단단한 성질의 것이고(地界堅性지계견성),
물의 요소는 젖는 성질의 것이고(水界濕性수계습성), 불의 요소는 따뜻한 성
질의 것이며(火界煖性화계난성), 바람의 요소는 움직이는 성질의 것이다(風
界動性풍계동성)."

98 "諸所有色(제소유색)一切四大(일체사대)及四大造色(급사대조색). 是名
爲色(시명위색)"

99 이 때 '안다'는 것은 본인이 직접 관찰해서 지혜로 보아서 아는 것이다. 꾸
준히 알아차림 수행을 해 가면 누구나 자신의 눈으로 이러한 사실을 보아서 알
수 있다.

100 〈잡아함경〉제42경.010a12 "云何色如實知(운하색여실지).諸所有(제
소유)色(색)·一切四大及四大造色(일체사대급사대조색).是名爲色(시명위
색).如是色如實知(여시색여실지).云何色集如實知(운하색집여실지).愛喜是
名色集(애희시명색집).如是色集如實知(여시색집여실지).云何色滅如實知(운
하색멸여실지).愛喜滅是名色滅(애희멸시명색멸).如是色滅如實知(여시색멸
여실지)"

위의 경에서는 "4대 요소와 4대 요소가 만들어내는 온갖 몸의 물질현상을 '색(色)'이라 한다"고 정의해 놓았다. 또 〈쌍윳다니까야〉에서는 부처님께서 몸의 물질현상[色색]에 대해 다음과 같이 설명해 놓았다.

"비구들이여, 왜 '몸의 물질현상[色색]'이라고 하는가? 변형된다고 해서 '몸의 물질현상'이라고 한다. 무엇에 의해 변형되는가? 추위에 의해 변형되고, 더위에 의해 변형되며, 배고픔에 의해 변형되고, 목마름에 의해 변형된다. 또 파리, 모기, 바람, 햇빛, 파충류 등에 의해서도 변형된다. 비구들이여, 이와 같이 변형된다고 해서 이것을 '몸의 물질현상[色색]'이라고 한다."[101]

위의 경에서는 "변형되기 때문에 몸의 물질현상[色색]이라 한다"고 했다. 또 〈구사론〉 제1권에서는 색(色)에 대해 "변하고 무너지는 것들"이고, "변하고 걸리는 것들"이라고 말해 놓았다.[102] 변한다는 것은 물리·화학적인 변화를 한다는 말이다. 또 걸리는 것[碍애]이라는 말은 이것이 공간을 차지하고 있어서 그것으로 인해 걸리고, 막히는 것이 있다는 말이다.

이 정도의 설명이면 우리는 오온의 색(色)이 어떤 것이고, 이것을 왜 **몸의 물질현상**으로 번역해야 하는지 알 수 있다. 지금까지 색을 이런 의미로 번역한 사람은 없었다. 거의 모든 번역가가 색을 번역하지 못 하고 그냥 '색(色)'으로 쓰고 있거나 '물질'로 번역해

101 〈쌍윳다니까야〉22-79경. 삼켜버림의 경
102 〈대정신수대장경〉제29권. 〈구사론〉003b23 "由**變壞**故名色取蘊(유**변괴**고명색취온)" 003c01 "**變礙**故名爲色(**변애**고명위색)"

놓았다. 영어로 번역된 〈반야심경〉에는 거의 모든 번역가가 오온의 색을 'form(형상)'으로 번역해 놓았고, 어떤 사람은 'matter(물질)'로 번역해 놓았다. 색을 'matter(물질)'나 'form(형상)'으로 번역하면 〈반야심경〉의 해석은 완전히 엉뚱한 방향으로 달려가게 된다. 필자는 이 "색"을 'physical phenomena'나 'material phenomena in the body'로 영역해 놓았다.

색에 대한 잘못된 해석의 사례

도올 김용옥 선생은 이 색을 어떻게 해석해 놓았는지 한 번 보자. 도올 선생은 "심반야바라밀다를 행한 관자재보살은 **오온이 개공이라는 우주적 통찰을 얻었다**"[103]고 하면서 "조견오온개공(照見五蘊皆空)"이 마치 우주삼라만상의 원리를 깨달은 것처럼 말하고 있다. 그러나 부처님께서 깨달은 내용은 우주삼라만상의 원리가 아니라 몸의 물질현상과 정신현상은 다 실체가 없는 것들이라는 사실이다. 도올 선생은 "조견오온개공 (도일체고액)"을 "오온이 다 공이라는 것을 비추어 깨달으시고, (일체의 고액을 뛰어넘으셨다)"고 번역해 놓았다. 그리고 그는 "오온의 가합(假合)인 나는 결국 공이다"는 표제어를 달아 놓고 다음과 같이 해설해 놓았다.

"나我Ego는 색, 수, 상, 행, 식, 이 다섯 가지의 가합(假合)입니다. 그런데 가합의 요소인 색, 수, 상, 행, 식도 또한 하나하나가 다 공입니다. 리얼하지 않은 것이지요."

103 〈스무살 반야심경에 미치다〉도올 김용옥 지음. 통나무. 2019년 초판 발행. 209쪽 인용

김용옥 선생은 "공(空)"을 '리얼하지 않은 것', 즉 '실제로 존재하지 않는 것'으로 해석하고 있다. 즉 도올 선생은 "오온개공"을 '오온은 없는 것'이라는 뜻으로 해석했다고 볼 수 있다. 그리고 그는 그 뒤에서 다음과 같이 해설해 놓았다.

> "내가 지금 이 글을 쓰고 있는 라미RAMI만년필도 실은 **존재하지 않는 것**입니다. 이것 자체가 영속할 수 없는 가합입니다. 튜브에 들어있는 잉크만 말라도 만년필은 제 기능을 하지 못합니다. 펜촉은 순간순간 닳아 없어지고 있어요. .... 나의 식識도 곧 고혼孤魂이 되어 태허太虛로 흩어져버릴 것입니다. 도대체 아我가 어디에 있습니까?"[104]

물론 이 해설은 "색"과 "공(空)", "오온개공"의 의미를 제대로 이해하지 못 하고 한 해설이라고 볼 수 있다. 도올 선생은 색(色)의 한 예로 만년필을 든 것이 잘못되었다. 오온의 "색(色)"은 '물질'이 아니라 '몸의 물질현상'이라는 뜻인데, 그는 색을 제대로 해석하지 못 한 나머지 "내가 지금 이 글을 쓰고 있는 만년필도 실은 존재하지 않는 것이다"는 이상한 말을 하고 있는 것이다. 기존 해설가들이 "색(色)"을 '물질'로 해석하여, 〈반야심경〉의 "색즉시공(色卽是空)"을 우주법칙을 말해 놓은 것으로 해석하고 있는데, 이것은 잘못된 것이다. "색즉시공(色卽是空)"은 '몸의 물질현상은 실체가 없는 것들'이라는 말이다. 중국, 한국, 일본, 티베트 등의 불교에서는 가끔 비상식적인 말을 하는 경우가 있는데, 그것들은 다 잘못된 해석이라고 보면 맞다. 부처님은 우리 상식으로 이해할 수 없는 이

---

104 위의 책 211쪽 인용

상한 말, 즉 형이상학적이거나 역설적인 말을 한 적이 없다.

오온의 色(색)은 몸의 물질현상일 뿐, 그 어떤 것도 아니다

색(色, rūpa)은 '물질', '형상(形相)', '색깔' 등 다양한 뜻이 있지만[105], 위의 여러 경전에서 보았듯이 오온에서의 '색(色)'은 '몸의 물질현상'을 일컫는 말일 뿐, 그 어떤 것도 아니다. 오온을 해설하면서 색(色)에 대해 '모습을 가진 모든 것들'로 해석하여, 거기에 돌, 산, 나무, 바다 등 다른 물질들까지 다 포함시키고 있는데, 이것은 잘못된 것이다.[106] 물론 기존 해설자들이 흔히 하듯이 "색즉시공(色卽是空)"을 '일체 물질적인 존재는 다 없는 것이다'거나 '물질은 텅 빈 것이다' 등으로 해석하는 것도 잘못된 것이다.

105　색(rūpa)은 또한 초상, 영상, 기호, 상징, 현현(顯現), 특징, 특질, 성질, ~의 흔적, 희곡 등의 뜻이 있고, 色相(색상), 形相(형상), 形色(형색), 形(형), 色(색), 相(상), 像(상) 등으로 한역돼 있다.

106　육경(六境)의 색(色), 즉 색성향미촉법(色聲香味觸法)에서의 색(色)은 '눈[眼]의 대상으로서의 모습을 가진 모든 것들'이라는 의미로, 눈으로 볼 수 있는 다른 물질들까지 다 포함하는 것으로 봐야 한다. 하지만 오온에서의 색은 '몸의 물질현상' 이외의 다른 의미가 없다. '색즉시공'을 모든 물질에 적용해서 '이 세상에 질량과 형태를 가지고 존재하는 모든 물질은 다 공(空)이라서 실은 존재하지 않는 것'이라고 말하며, 양자물리학 이론을 적용하여 설명하는 것을 흔히 볼 수 있다. 양자물리학 이론에 의하면, 모든 물질은 우리가 바라볼 때만 물질의 형태로 존재할 뿐, 보지 않을 때에는 물질이 아닌 파동, 즉 에너지의 형태로 존재한다는 것이다. 우리 눈에 보이는 것들은 다 실은 존재하지 않는 것들이고, 그것들은 단지 우리 뇌가 만들어낸 이미지, 즉 허상에 불과하다는 것이다. 이 때 마음은 진여불성(眞如佛性)의 마음이 아니라 헛것을 보는 망념(妄念)의 마음이다. 석가부처님 가르침에 의하면, 우리 마음에는 망념만 존재할 뿐, 진여불성 따위는 없다. 하지만 브라만교에 의하면 진여에 해당하는 아트만이 있다. 그 아트만만이 진실이고, 그 외의 것들은 다 아트만이 만들어낸 허상에 불과하다는 것이 브라만교의 교의다. 이 교의가 대승불교에 들어와서 오늘날 한국불교에서는 그것이 마치 부처님의 가르침인 양 떠받들어지고 있다.

수행자는 자신의 몸의 물질현상을 관찰하고, 자신의 호흡을 관찰해간다. 자신의 몸의 물질현상을 관찰하여, 거기서 지수화풍(地水火風), 즉 흙의 요소, 물의 요소, 불의 요소, 바람의 요소를 보고, 무상(無常), 고(苦), 공(空), 무아(無我)의 진리를 본다. 이와 같이 관찰해야 할 대상은 "자기 자신"이기 때문에 관찰대상으로서의 색(色)은 몸의 물질현상[色身색신]이다. 부처님은 자신의 몸과 마음에만 관심이 있었지 그 외의 다른 물질에는 관심이 없었다. 부처님은 물질을 탐구하는 과학자가 아니라, 자신에 대해 알기 위해 자신을 관찰해가는 수행자였기 때문이다. 부처님은 삼매에 들어서 몸에서 일어나는 생멸현상을 관찰해갔다. 부처님은 좌선할 때는 몸의 물질현상 중에서 주로 호흡을 관찰해갔다. 부처님은 〈잡아함경〉에서 "들숨과 날숨의 시작점의 일어남과 끝 지점의 사라짐을 관찰해가라"고 말했다. 의식을 호흡에 집중해서 호흡을 관찰해가다가 보면, 관찰하는 눈이 점점 밝아져서 나중에는 온 몸의 모공으로 숨이 들어오고, 나가는 것이 보여 온다. 그 뿐만이 아니다. 자기 몸속의 조직과 그 작용이 보여 오고, 나중에는 세포 안의 것들이 보여 온다. 호흡을 비롯한 자신의 몸을 관찰하면서 보여 온 것들을 상세하고도 엄청난 분량으로 묘사해 놓은 경이 있다. 〈정법념처경(正法念處經)〉[107]이 그것이다. 호흡을 관찰해가다가 보면 정말 거짓말처럼 관찰하는 눈이 밝아진다. 부처님의 관찰법은 그 어떤 가설도 세우지 않고, 어떤 상상도 하지 않은 채 집중된 상태에서 오직 자신의 몸과 마음에서 일어나고 있는 **생멸**(生滅)현상을 있는 그대로 알아차림 하면서 지속적으로 관찰해가는 방식이다.

---

107 〈정법념처경〉은 1972년에 초판 발행된 동국역경원 〈한글대장경〉 제69권(경집부 8권)에, 〈신수대장경〉 제17권에 수록되어 있다.

(2) 수(受, vedanā 베다나) : 느낌

오온의 두 번째 요소인 受(수)는 '**느낌**'이라는 뜻이다. 〈증일아함경〉에서는 느낌을 다음과 같이 설명해 놓았다.

"어떤 것이 '느낌의 덩어리'인가? 그것은 괴로운 느낌, 즐거운 느낌, 괴롭지도 즐겁지도 않은 느낌 등이다. 이런 것들을 '느낌의 덩어리'라고 한다."[108]
"어떤 것을 '느낌'이라고 하는가? 느낌이란 느끼는 것을 일컫는 말이다. 어떤 것을 느끼는가? 괴롭다고 느끼고, 즐겁다고 느끼며, 괴롭지도 즐겁지도 않다고 느끼므로 '느낌'이라고 한다."[109]

또 〈잡아함경〉 제46경에서는 느낌에 대해 다음과 같이 설명해 놓았다.

"대상에 대해 온갖 것들을 느끼는 것이 느낌의 덩어리이다. 어떤 것을 느끼는가? 괴롭다고 느끼고, 즐겁다고 느끼며, 괴롭지도 즐겁지도 않다고 느낀다. 이런 까닭에 대상에 대한 느낌을 '느낌의 덩어리'라고 한다. 이 느낌의 덩어리는 끊임없이 변하

---

108 〈신수대장경〉 제2권. 〈증일아함경〉 제28권. 707b08 "彼(피)云何名爲痛陰(운하명위통음). 所謂苦痛·樂痛·不苦不樂痛(소위고통락통불고불락통). 是謂名爲痛陰(시위명위통음)"
109 〈신수대장경〉 제2권. 〈증일아함경〉 제28권. 707b14 "云何名爲痛(운하명위통). 所謂痛者(소위통자). 痛者名覺(통자명각). 爲覺何物(위각하물). 覺苦·覺樂·覺不苦不樂(각고각락각불고불락). 故名爲覺也(고명위각야)"라는 부연설명이 붙어 있다. 이것을 번역하면, 이 바로 앞의 각주의 것(707b08)과 같다.

여, 고정된 것이 없는 것들이고, 괴로운 것들이며, 변하기 쉬운 것들이다."[110]

이와 같이 오온의 受(수)는 '느낌'으로 번역할 수 있다. 느낌에는 괴로운 느낌, 즐거운 느낌, 괴롭지도 즐겁지도 않은 느낌 등 세 가지가 있다. 괴로움에서 벗어나기 위해서는 자신의 느낌을 알아차리고, 자신의 느낌에 깨어 있어야 한다는 것이 부처님 말씀이다. 자신의 느낌에 깨어 있으면, 불안, 우울, 근심, 걱정 등이 치유된다. 부처님께서는 선(禪)수행 방법으로 사념처관(四念處觀)을 강조했다. 사념처는 선(禪)수행을 할 때 의식을 집중해서 관찰해야할 네 가지 대상인 몸의 물질현상[身신], 느낌[受수], 마음의 상태[心심], 마음에서 일어나는 생멸현상[法법] 등을 말한다. 부처님께서는 "이 네 가지 대상을 놓치지 않고 알아차림 하면서 관찰해가라"고 말했다. 부처님께서는 또 〈잡아함경〉 제225경에서 "감각기관과 느낌을 끊지 못 하면, 괴로움을 다 끝낼 수 없다"고 말했다. 〈잡아함경〉 제468. 〈세 가지 느낌의 경〉을 보면 부처님께서는 느낌을 어떤 시각으로 보았고, 느낌을 어떻게 처리했는지 알 수 있다.

〈잡아함경〉 제468. 〈세 가지 느낌의 경〉
......"세존이시여, 내 몸과 마음, 그리고 바깥의 일체 모습에서 '내'라는 소견, '내 것'이라는 소견, '내'라는 교만, 얽매여서 집착함과 지배로부터 벗어나기 위해서는 어떻게 알고, 어떻게 봐

---

110 〈신수대장경〉 제2권. 〈잡아함경〉 제46경. 011c01 "諸覺相是受受陰(제각상시수수음). 何所覺(하소각). 覺苦·覺樂·覺不苦不樂(각고각락각불고불락). 是故名覺相是受受陰(시고명각상시수수음) 復以此受受陰是無常·苦·變易(부이차수수음시무상·고·변이)"

야 합니까?"

"만약 비구로서 즐거운 느낌에 대한 욕구·욕망[貪탐]의 지배를
이미 다 끊었고, 이미 다 알며, 괴로운 느낌에 대한 싫어함[瞋진]
의 지배를 이미 다 끊었고, 이미 다 알며, 괴롭지도 즐겁지도 않
은 느낌에 대한 무지[痴치]의 지배를 이미 다 끊었고, 이미 다 알
면, 이것을 '비구가 애욕의 결박을 다 끊고, 모든 번뇌와 교만을
다 버리고, 밝게 알아서 괴로움을 완전히 다 벗어난 것'이라고
말한다."

그 때 세존께서 게송으로 말했다.

즐거운 느낌이 있을 때
그 느낌을 알아차리지 못 하면,
욕구·욕망의 사자(使者)의 지배를 받게 되어서
그것을 벗어날 길이 없다네.

괴로운 느낌이 있을 때
그 느낌을 알아차리지 못 하면,
싫어함의 사자의 지배를 받게 되어서
그것을 벗어날 길이 없다네.

괴롭지도 즐겁지도 않은 느낌도 마찬가지다.
바르게 깨친 분이 말해 놓은 것을
잘 관찰하지 않으면,
끝내 저 언덕을 건너지 못 하리다.

비구들이여, 부지런히 정진하여

그 느낌을 바로 알아차려서 휘둘리지 말라.
이러한 온갖 느낌을
지혜로운 사람은 깨어 있어서 알 수 있다네.

그 온갖 느낌을 깨어 있어서 알면
현세에 모든 번뇌를 다 끝내고
밝고 지혜로운 사람은 목숨이 끝난 뒤에
중생의 분수에 떨어지지 않으리다.

중생의 분수를 완전히 다 끊어버리면
길이 '반열반'에 머물러 있으리다.[111]

위의 부처님 말씀은 매순간 생멸하는 느낌을 알아차려서 그것에 휘둘리지 말라는 말이다. 우리는 자신의 느낌에 깨어 있지 못 한 경우가 많다. 병적일 정도로 자신의 느낌에 어두운 자들도 많다. 생각에 마음이 가려 있거나 오랫동안 자신의 감정을 무시해 왔기 때문이다. 매순간 느낌이 있는데도 그것이 있는 줄 모르고 그것에 속아 넘어간다. 그리하여 그 느낌들이 요술쟁이가 되어서 더 많은 생각을 만들어내고, 온갖 논리와 주장으로 자신에게 조잘댄다. "네 생각이 맞고, 네가 절대로 옳다"라고. 우리는 이 악마의 응원에 힘입어서 계속 거친 행위를 하면서 업을 짓는다. 더 이상 업을 짓지 않기 위해서는 매순간 자신의 느낌을 알아차려가야 한다. 알

---

111 "길이 반열반에 머물러 있으리라"는 한역문의 "永處般涅槃(영처반열 반)"을 번역한 것이다. 여기서 '길이[永영]'는 '영원히'라는 뜻이고, 處(처)는 '머문다'는 뜻이다.

아차리면 느낌은 더 이상 힘을 쓰지 못 하고 사라진다.

(3) 상(想, saṃjñā삼즈냐) : 인식

오온의 想(상)을 뭐라고 번역해야 할까? 想(상)을 '**인식**(認識)'으로 번역하면 맞아 떨어진다.

경론에 나오는 想(상)에 대한 설명

경전에는 오온의 개념이 설명되어 있는 것을 찾아보기가 어렵다. 〈잡아함경〉 제46경에 부처님께서 오온을 설명하면서 想(상)에 대해 '**인식**'이라는 뜻으로 다음과 같이 설명해 놓았다.

> "온갖 인식하는 것들[想상]이 인식의 덩어리[想蘊상온]이다. 어떤 것이 인식하는 것인가? '적다'는 인식, '많다'는 인식, '한없이 많다'는 인식, 아무 것도 가진 것이 없을 때 '가진 것이 없다'고 인식하는 것 등이다. 이러한 까닭에 '인식의 덩어리[想蘊상온]'라고 한다. 이 인식의 덩어리는 끊임없이 변하여, 고정된 것이 없는 것들이고, 괴로운 것들이며, 변하기 쉬운 것들이다."[112]

또 〈증일아함경〉에서는 想(상)에 대해 다음과 같이 설명해 놓았다.

> "어떤 것을 '想(상)'이라고 하는가? 想(상)은 아는 것이다. '파랗다'고 알고, '노랗다', '희다', '검다'고 알며, '괴롭다'고 알고,

---

112 〈신수대장경〉제2권, 〈잡아함경〉제46경 011c04, "何所想。少想·多想·無量想。都無所有。作無所有想是故名想受陰。復以此想受陰是無常·苦·變易法"

'즐겁다'고 아는 것이다. 그럼으로 '想(상)은 아는 것'이라고 말한다."¹¹³

위의 부처님 설명에 의하면 想(상)은 '어떠하다', '~이다'고 아는 것이다. 이 경전의 설명만으로는 想(상)의 개념을 잡기에 약간 부족하다. 그럼 논서에는 想(상)이 어떻게 설명되어 있는지 한번 보자.

옛 논서가 말하는 想(상)의 개념

초기불교의 논서로서 AD. 4세기 초에 세친이 저술한 〈구사론〉에는 "상(想)은 허상[像상]을 취하여 실체[體체]라고 여기는 것, 즉 '푸르다', '노랗다', '길다', '짧다', '남자다', '여자다', '원수다', '친구다', '괴롭다', '즐겁다' 등의 인식[相상]에 집착하여, 그것을 취하는 것"¹¹⁴이라고 정의해 놓았다. 또 4세기 초에 저술된 〈성실론〉에는 "상(想)은 대상에 대해 진실하지 못 한[假가] 인식[相상]을 취하는 것"¹¹⁵이라고 정의한 뒤에 "무상한 것인데, 항상(恒常)한 것으로 여기고, 괴로운 것인데, 즐거운 것으로 여기며, "나"라고 할 만한 것이 없는데, "나"라고 여기고, 깨끗하지 못 한 것인데, 깨끗한 것으로 여기는 등 뒤집혀진 인식이 상(想)"¹¹⁶이라고 부연설명해 놓았다. 또 〈미란다팡하〉에서는 상(想)에 대해 다음과 같이 설명해

---

113 〈신수대장경〉제2권, 〈증일아함경〉제28권 707b16, "云何名爲想。所謂想者。想亦是知。知靑·黃·白·黑。知苦樂。故名爲知"

114 〈신수대장경〉제29권. 〈구사론〉004a04, "想蘊謂能取像爲體 卽能執取靑黃長短男女怨親苦樂等相"

115 〈성실론〉281a10 "想者取假法相"

116 〈성실론〉281a11 "無常中常想顚倒。苦中樂想顚倒。無我中我想顚倒。不淨中淨想顚倒"

놓았다.

"나가세나 존자여, 상(想)의 특징은 무엇입니까?" "대왕이시여, 인식함입니다. 파랑, 노랑, 빨강, 백색, 갈색 등으로 인식하는 것과 같습니다." "비유를 들어서 말씀해주시기 바랍니다." "왕의 창고지기가 왕의 보물창고에 들어가서 푸른색, 노란색, 붉은색, 흰색, 갈색 등의 보물을 보고, '이것들은 다 왕의 보물이다'고 인식하는 것과 같습니다."[117]

옛 인도의 논서에는 상(想)이 어떻게 설명되어 있는지 살펴봤다. 그럼 이번에는 상(想)이 어떻게 한역되어 있는지 한 번 보자.

한역을 통해 본 想(상)의 개념
想(상)은 산스크리트어 삼즈냐(saṃjñā)를 번역한 것이고, 이것은 '이해', '지식', '개념', '이름', '~라고 이름을 붙이다' 등의 뜻이 있다. 삼즈냐는 '想(상)' 이외에도 '名(명)', '號(호)', '名號(명호)', '邪想(사상)'[118], '憶想(억상)'[119], '思(사)', '이해', '지식', '개념' 등으로 한역되어 있다.[120] 이름, 생각, 상상, 지식, 개념, 이해 등의 뜻인 이러한 한역들을 보면, 想(상)은 '대상에 대해 이름을 붙이고, 이미 형성되어 있는 개념이나 기억, 정보 등을 통해 대상을 상상(想像)하고, 이해하고, 인식하는 것'임을 알 수 있다.

---

117 서경수 번역 〈한글대장경 201 남전부1〉 348쪽 (1978, 동국역경원)
118 邪想(사상)은 '그릇된 환상'이라는 뜻이다.
119 憶想(억상)은 기억(記憶)에 의해 가지는 인식[想]이다.
120 〈漢譯(한역)대조 梵和大辭典(범화대사전)〉 1389쪽. 1964년. 일본 鈴木學術財團 발행

산스크리트어 원어의 구조분석을 통해 본 想(상)의 개념

想(상)의 산스크리트어 원어 삼즈냐(saṃjñā)의 구조를 보면, 이것은 '함께', '합한다'는 뜻의 삼(saṃ)과 '안다'는 뜻의 즈냐(jñā)가 결합하여, '합하여[saṃ] 안다[jñā]'는 뜻을 형성한다. 여기서 '합한다'는 것은 대상을 과거의 경험 또는 기억, 이미 형성되어 있는 개념, 정보 등과 합한다는 말이다. 이것은 의식 또는 세포 속에 입력되어 있는 과거의 경험[業업] 위에 대상을 올려놓고, 그 대상에 대한 개념을 형성한 뒤에 그 개념을 통해 대상을 인식한다는 뜻이다. 즉, '상(想)'은 이미 입력되어 있는 정보를 바탕으로 상상하고 추측하여, 이름이나 개념을 통해 대상을 인식하는 것이다. 그렇기 때문에 우리가 어떤 대상을 볼 때, 그것은 대상 그 자체를 보는 것이 아니라 자신이 만들어낸 그 대상에 대한 이미지나 개념을 보는 것이다.

한자의 구조분석을 통해 본 想(상)의 개념

한자 "想(상)"의 구조를 봐도 그 개념을 알 수 있다. "想(상)"은 마음 심(心) 위에 모습 상(相)[121]이 놓여 있어서 '마음 위에 비추어진 대상의 모습', 즉 '이미지'라는 뜻이다. 앞에서 말했듯이 想(상)은 '생각', '이름', '상상', '개념', '견해', '인식'이라는 뜻으로, 대상에 대해 어떤 이름이나 개념, 의미, 자기 생각 등을 부여하는 마음작용이다. 우리가 어떤 대상을 대하면, 먼저 그 이름을 떠올리고, 그 뒤에 개념이나 의미를 부여하는데, 이러한 인식과정을 '想(상)'이라고 한다. 달리 말하면 想(상)은 대상에 대해 '~로 인식하는 것', '~로 여기는 것', '~라고 생각하는 것', '~라는 생각' 등 '대상에 대

---

121 한자 相(상)은 '서로' 상과 함께 '모습', '상태', '특징' 등의 뜻이 있다.

해 어떤 이름이나 개념, 생각, 견해 등을 가지는 것', 즉 '대상에 대한 이미지나 개념을 자기 마음 위에 그려 넣는 작업'이라고 할 수 있다. 예를 들어, 자신에 대해 '똑똑하다', '잘났다', '옳은 사람', '한국인', '보살', '스님', '못난 사람', '바보' 등 '무엇이다'거나 '어떠하다'고 인식하는 것이 상(想)이다. 그리고 상대에 대해 '뭔가 잘 모르는 사람', '답답한 사람', '어리석은 사람', '생각이 짧다', '이기적이다', '기독교인', '괜찮은 사람', '보수꼴통', '빨갱이' 등의 어떤 견해를 갖거나 '무엇'이라고 인식하는 것도 상(想)이다. 또 저것은 '개다', '닭이다', '밥이다', '똥이다', '황금이다'와 같이 어떤 객관적인[122] 사실을 인식하는 것도 想(상)이다. 다시 말해, 대상에 대해 '무엇이다'거나 '어떠하다'고 규정하거나 의미를 부여하는 것은 다 想(상)이다.

상(想)의 개념을 잡는 데 도움이 되는 다음과 같은 몇 가지 예를 들 수 있다.

예1) 한 꼬마에게 500원 짜리 동전을 하나 준다고 하자. 그에게는 그것이 과자를 사 먹을 수 있는 반가운 물건, 즉 '돈'으로 인식된다. 하지만 그것을 원숭이에게 주면 그것은 하나의 '납작한 돌'에 불과하다. 원숭이에게는 '돈'이라는 개념이 없기 때문이다. '돈'이라는 이름과 '과자를 사 먹을 수 있는 반가운 물건'이라는 개념은 꼬마가 부여한 것이다. 이와 같이 보는 자가 대상에 대해 부여하는 이름이나 개념, 인식, 의미 등이 '想(상)'이다.

예2) 외국으로 유학 간 한국학생이 기숙사 방에서 된장찌개를 끓였다. 고약한 냄새 때문에 온 기숙사가 떠들썩할 정도로 소동이 났

---

122 '객관적'이라고 말하지만, 사실은 자기들끼리 객관적인 것이지, 절대 객관은 존재하지 않는다고 말할 수 있다.

다. 한국 학생에게는 된장이 그리운 고국음식이지만, 그 맛에 개념이 형성되어 있지 않은 다른 나라 학생들에게는 그것은 견디기 힘든 고약한 냄새에 불과하다.

이와 같이 한 대상에 대해 가지는 인식이나 개념은 보는 자에 따라 다를 수 있다. 왜냐하면 대상에 대한 인식이나 개념은 대상 그 차체가 본래 갖고 있는 것이 아니라, 대상을 인식하는 자가 부여하는 것이기 때문이다. 인식이나 개념이 형성될 때 거기에는 욕망과 집착으로 이루어진 업, 과거의 경험, 기억, 선입견, 받아온 교육, 정보 등이 깊이 관여해서 역할을 한다.

想(상)을 뭐라고 번역해야 하나?

그럼 想(상)을 뭐라고 번역해야 할까? 想(상)을 '**인식**'으로 번역하면 맞아 떨어진다. 그런데 〈한글대장경〉에서는 이 想(상)을 '생각'으로 번역했고, 조계종 〈한글 반야심경〉과 김윤수의 〈잡아함경〉에서는 이것을 적절한 말로 번역하지 못 하고 그냥 한글로 '상'이라고 하고 있다. 〈니까야〉 번역을 보면 각묵 스님은 想(상)을 '인식(想)'으로 번역했고, 전재성 박사는 '지각(想)'[123]으로 번역했다. 산스크리트어 삼즈냐(saṃjñā)를 번역한 想(상)은 그릇된 인식(믿음), 착각, 망상, 상상, 환상, 미망(迷妄) 등의 뜻으로, 〈반야심경〉에 나오는 "전도몽상(顚倒夢想)"과 같은 뜻이다.

[123] 그러나 이 지각(知覺)은 오온의 마지막 요소인 識(식)과 맞아떨어지는 개념이라고 할 수 있다. 지각이 왜 識(식)과 맞아떨어지는 개념인지는 이 뒤의 오온의 맨 마지막에 나오는 識(식)에서 설명해 놓았다.

(4) 행(行, samskāra삼스카라) : 업 지음

몸, 입, 마음으로 하는 모든 행위. 반응, 충동적인 반사행위, **업 지음**, 의도, 원초적 의지, 본능, doing, deed, reaction, impulse, mental formation

오온의 **行(행)**을 뭐라고 번역해야 할까? 이것은 행위, 업, 업 지음, 충동적인 반사행위, 의도, 원초적 의지, 본능 등의 뜻으로, '**업 지음**'으로 번역할 수 있다. 십이연기의 두 번째 요소인 行(행)은 산스크리트어 '삼스까라(saṃskāra)'[124]를 번역한 것이다. 삼스까라는 '준비', '훈련', '교육', 전생에서 시작되어서 모든 행위의 원인으로 작용하고 있는 '잠재인상', '남아 있는 작용', '전생의 행위에 대한 기억', '업(業)', '업의 작용' 등 다양한 의미가 있다. 하지만 오온에서의 行(행)은 수많은 과거 생을 통해 교육되고, 훈련되고, 준비되고, 익혀온 대상에 대한 의식적 또는 무의식적인 반응을 의미한다. 行(행)은 대상에 대해 보이는 본능적인 반응으로서 몸, 입, 마음으로 하는 모든 행위(行爲)를 의미한다. 모든 행위에 앞서서 의도하는 마음이 있고, 그 뒤에 행위가 뒤따른다. 행위를 불러일으키는 충동, 의도, 원초적 의지, 본능, 마음작용이 행이고, 신체적인 행위도 행이다. 이와 같이 행(行)은 뭔가를 하려고 하는 업(業)의 작용으로서 대상에 대해 반응하는 모든 행위를 의미한다. 〈잡아함경〉 제568경에서 "行(행)이 뭐냐?"는 칫타 장자의 질문에 대해 카마 비구가 "行(행)은 세 가지 행위, 즉 몸으로 하는 행위, 입으로 하는

---

124 saṃskāra(삼스까라)는 saṃ(함께)+√kr(하다, to do)에서 파생된 명사다. '한다'는 뜻인 동사의 어근 √kr(끄르)의 뜻을 살려서 중국에서 이것을 '行(행)'으로 번역했다.

행위, 마음으로 하는 행위를 일컫는다"[125]고 답했다. 〈잡아함경〉 제46경에는 "행위 하는 것들이 업 지음의 덩어리[行蘊(행온)]이다. 어떤 것을 행위하는가? 몸의 물질현상[色색]을 행위하고, 느낌[受수], 인식[想상], 업 지음[行행], 식별작용[識식]을 행위한다. 이런 까닭에 행위하는 것들을 '업 지음의 덩어리'라고 한다"[126]고 나와 있다. 같은 의미로 〈잡아함경〉 제260경에는 "오온은 본래 행(行,업 지음)이 만들어내는 것들이고, 행(업 지음)이 원하는 것들"[127]이라는 내용이 나온다.

(5) 식(識, vijñāna비즈냐나) : 식별작용, 의식

오온에서의 식(識)은 어떤 것이고, 이것을 뭐라고 번역해야 할까? 십이연기의 세 번째 요소이기도 한 識(식, vijñāna)은 '**식별**(識別)**작용**' 또는 '**의식**(意識)'이라는 뜻이다. 식별은 인식이 끼어들기 전에 감각기관을 통해 대상의 특징을 감각적으로 알아차리는 것이다. 우리는 여태껏 識(식)이 이런 것인 줄 몰랐다. 다음과 같은 識(식)에 대한 경전의 정의를 보면, 識(식)이 이런 것임을 알 수 있다.

---

125 〈신수대장경〉제2권. 〈잡아함경〉제568경. 150a21 "所謂行者(소위행자)。云何名行(운하명행)。伽摩比丘言(가마비구언)。行者(행자)。謂三行(위삼행)。身行(신행)·口行(구행)·意行(의행)"

126 〈신수대장경〉제2권. 〈잡아함경〉제46경. 011c06 "爲作相是行受陰。何所爲作。於色爲作。於受·想·行·識爲作。是故爲作相是行受陰"

127 이 말은 아난이 사리불에게 한 말이다. 〈잡아함경〉제260경. 065c18 "阿難言。舍利弗。五受陰是本行所作·本所思願"

識(식)에 대한 경전의 정의

1) 〈잡아함경〉제46경에서는 識(식)을 다음과 같이 정의해 놓았다.

> "대상을 식별해서 아는 것[**別知**별지]이 識(식)이다. 어떤 것을
> 식별해서 아는가? 모습[色색]을 식별해서 알고, 소리, 냄새, 맛,
> 촉감, 마음에서 일어났다가 사라지는 현상[法법]을 식별해서 아
> 는 것이다."[128]

이 정의에서 識(식)은 감각기관을 통해 대상을 '식별해서 아는 것'
이라고 하면서 그 한역문에 "**別知(별지)**"라는 표현을 쓰고 있다.
여기서 '別(별)'은 '식별(識別)', '구별(區別)', '분별(分別)' 등의 뜻
이고, '知(지)'는 '안다'는 뜻이다. 즉 "別知(별지)"는 '**식별해서 아
는 것**'이다.

2) 〈증일아함경〉에서는 "어떤 것을 '식별작용의 덩어리[識蘊식
온]'라고 하는가? 그것은 눈, 귀, 코, 혀, 피부, 의식 등으로 식별하
는 것이다. 이런 것들을 '식별작용의 덩어리'라고 한다"[129]고 정의
한 뒤 바로 그 뒤에서 "어떤 것을 '식별작용[識식]'이라고 하는가?
식별작용은 옳고 그름[是非시비]을 식별하고, 각종 맛을 식별하는
것이다. 이런 것을 '식별작용[識식]'이라고 한다"[130]고 정의해 놓았

---

128 〈신수대장경〉제2권,〈잡아함경〉제46경 011c09 "**別知**相(별지상)是識
受陰(시식수음)。何所識(하소식)。識色(식색)。識聲·香·味·觸·法(식성향미촉
법)。是故名識受陰(시고명식수음)"

129 〈신수대장경〉〈증일아함경〉제28권. 707b12 "云何名爲識陰(운하명위
식음)。所謂眼·耳·鼻·口·身·意(소위안이비구신의)。此名識陰(차명식음)"

130 〈신수대장경〉〈증일아함경〉제28권. 707b20 "云何名爲識(운하명위
식)。所謂識(소위식)。**識別**是非(식별시비)。亦識諸味(역식제미)。此名爲識也
(차명위식야)"

112

다. 이 경의 한역문에는 "**識別(식별)**"이라는 단어를 쓰고 있는데, 이것은 識(식)이 '**식별작용**'이라는 사실을 말해주고 있다.

3) 〈쌍윳따니까야〉에서는 識(식)을 다음과 같이 정의해 놓았다.

> "**지각**(知覺)**하는 것**을 '識(식)'이라고 한다. 그럼 '지각한다'는 것은 어떤 것인가? 그것은 신 것을 지각하고, 쓴 것을 지각하며, 단 것을 지각하고, 떫은 것을 지각하고, 떫지 않은 것을 지각하고, 짠 것을 지각하고, 싱거운 것을 지각하는 것이다. 이와 같이 지각하는 것을 '識(식)'이라고 한다."[131]

여기서 지각은 개념이 아니라 감각기관을 통해 모습[色색], 소리[聲성], 냄새[香향], 맛[味미], 촉감[觸촉], 마음에서 일어났다가 사라지는 현상들[法법] 등을 알아차리는 것이다. 이와 같이 識(식)은 '식별작용'이라는 뜻으로, 인식이 끼어들기 전에 감각기관을 통해 대상의 특징을 감각적으로 알아차리는 마음작용이다.

'識(식)'은 다른 것과의 차이를 구분해서 아는 마음작용이다

좀 더 정확하게 말하면 識(식), 즉 식별작용은 감각기관을 통해 대상의 특징을 다른 것과 구별해서 아는 마음작용이다. 識(식)의 산스크리트어 원어 비즈냐나(vijñāna)를 의미단위로 분석해 보면, 'vi(비)'는 '분간', '구별' 등의 뜻이고, '즈냐나(jñāna)'는 '아는 것'이라는 뜻이다. 즉 비즈냐나(vijñāna)는 '감각기관을 통해 대상의 특징을 다른 대상과 구별해서 아는 것'이다. 비즈냐나는 '智(지)', '慧(혜)', '智慧(지혜)', '知(지)', '識(식)', '念(념)'[132], '知見

---

131 〈쌍윳따니까야〉Ⅲ.87

(지견)' 등으로 한역되어 있다. '智(지)', '慧(혜)', '知(지)' 등이 들어 있는 이런 한역들을 보면 '識(식)이 곧 지혜'라는 사실을 알 수 있다. 想(상), 즉 인식, 망상이 끼어들기 전에 아는 것이 識(식)이고, 식별(識別)작용이고, 지혜라는 말이다. 망상, 인식이 없이 대상을 있는 그대로 식별해 보는 것이 지혜다.

남방불교의 논서인 〈청정도론〉에는 "대상을 식별하는 특징을 가진 모든 것들을 한 데 묶어서 '식별작용의 덩어리[識蘊식온]'라고 한다"고 정의한 뒤 "마음[心심,citta], 의식[意의,manas], 식별작용 [識식,vijñāna]은 같은 것"이라고 말하고 있다. 마음, 의식이 곧 식별작용이라는 말이다.

인식[想상]과 식별작용[識식]의 차이

識(식), 즉 식별작용은 앞에 나온 想(상)과 다른 것인데, 그 차이를 알아야 한다. 식별작용[識식]은 '알아차림'이라고 할 수 있고, 인식 [想상]은 '알아봄'이라고 할 수 있다. 예컨대 저기에 있는 대상의 존재 그 자체를 감각기관을 통해 알아차리는 것은 識(식), 즉 식별작용이고, 그것을 '사람'으로 알고, '멋진 남자'로 알며, '키가 크다'는 등 그 특징을 단어나 이름, 생각 등을 통해 개념적으로 아는 것은 상(想), 즉 인식이다. 보고, 듣고, 냄새를 맡고, 맛을 보고, 촉감을 느끼고, 마음의 세계에서 일어나고 있는 현상들을 지각(知覺)하는 등 감각기관을 통해 대상 그 자체 또는 그 특성을 알아차리는 것은 식별작용이다. 그러나 감각기관을 통해 일차적으로 대상을 알아차린 뒤에 그것이 '무엇이다'거나 '어떠하다'고 단어나 생각을 빌어서 알면, 그것은 상(想), 즉 인식이고, 단어나 생각이 끼어

132 이 때 '念(념)'은 '알아차린다'는 뜻이다.

드는 것이 없이 감각기관을 통해 있는 그대로 아는 것은 識(식), 즉 식별작용이다.

가능한 한 인식[想想]작용을 배제하고, 식별작용[識식]을 두드러지게 만들어가는 것이 알아차림 명상이다. 알아차림 명상을 많이 하면, 인식[想想], 즉 생각은 줄어들고, 객관적인 앎, 즉 식별작용[識식]이 밝아져서 지혜로워진다.

識(식)은 '식별작용', '분별', '의식', '지혜' 등으로 번역할 수 있다. 오온을 잘 분별해가는 데에서 깨달음이 나온다

識(식)의 산스크리트어 원어 비즈냐나(vijñāna)는 '식별작용', '분별', '의식', '지혜' 등으로 번역할 수 있다. 즉 식별작용, 분별, 의식, 지혜는 같은 개념이다. 대상을 식별하고, 분별할 수 있는 능력이 의식이고, 지혜이기 때문이다. 요즘 한국불교에서는 '선(善)도 없고, 악(惡)도 없으니, 선악을 분별하지 말라'는 말을 하는 사람들이 많이 있다. 이런 사람들은 잘못 배운 사람이거나 자신도 실행할 수 없는 것을 남에게 하라고 요구하는 '엉터리 도사'라고 보면 맞을 것이다. 왜냐하면 석가부처님 법에는 '분별하지 말라'는 말이 없기 때문이다. 석가부처님 불교인 〈아함경〉에는 '분별'이라는 단어가 많이 나오지만, 그것이 부정적인 의미로 사용된 경우는 한 번도 없다. 그것들은 다 '잘 분별해야 한다'는 의미로 사용되었다. 잘 분별하는 데에서 지혜가 나오고, 오온을 잘 분별해가는 데에서 "조견오온자성개공(照見五蘊自性皆空)"[133]의 깨달음이 나오기 때문이다. '분별하지 말라'는 말과 같은 이러한 자신도 이해

---

133 조견오온자성개공(照見五蘊自性皆空)은 '오온은 다 실체가 없는 것들임을 꿰뚫어봤다'는 뜻이다.

하지 못 하는 말을 주워들은 풍월로 읊어대며, 사람들을 헷갈리게 만드는 것은 성실하지 못 한 행위다.

깊은 선정에 들었을 때 비로소 분별심마저 다 떨어져나간다. 그렇지 않고 억지로 분별하지 않으려고 하면, 그것이 가능하지도 않을 뿐더러, 백보 양보하여 가능하다고 해도, 옳고[是시] 그름[非비]도 분간하지 못 하고, 선악(善惡)도 구별하지 못 하는 바보, 멍청이가 되기 쉽다. 왜냐하면 '분별하지 말라'는 말은 '지혜를 쓰지 말라'는 말과 같기 때문이다.

오온은 무아(無我)의 진리를 깨닫기 위해 지혜의 눈으로 "나"라고 여기는 것을 세밀하게 관찰해 본 모습이다. 미몽(迷夢)에 사로잡힌 중생들은 오온이 임시로 모여서 형성된 것을 "나[我아]"라고 여기고, 고정불변의 "나"가 있다고 인식하여, "나"와 "내 것"에 집착한 나머지 괴롭다. 인연화합에 의해 생성된 몸의 물질현상[色색]과 느낌[受수], 인식[想상], 업 지음[行행], 식별작용[識식]도 또 거기에 작용하는 인(因)과 연(緣)도 계속 변하고 있는 것들이다. 그래서 거기에 일어났다가 사라지는 오온이 있을 뿐, "아트만" 또는 "나"라고 할 만한 고정불변의 실체는 없다. 이러한 의미를 담고 있고, 경전에 많이 나오는 구절이 "오온개공(五蘊皆空)", "오온자성개공(五蘊自性皆空)"[134], "오온무아(五蘊無我)"[135], "오온비아(五蘊非我)"[136]등

---

134 "오온개공"과 "오온자성개공"은 존재의 다섯 요소는 다 실체가 없는 것들이라는 말이다.

135 "오온무아"는 존재의 다섯 요소에는 "나"라고 할 만한 것이 없다는 말이다. 이 말은 존재의 다섯 요소만 있을 뿐, "나"라고 할 만한 것은 그 어디에도 없다는 말이다.

136 "오온비아"는 존재의 다섯 요소는 "나"가 아니라는 뜻이다. 오온개공, 오온무아, 오온비아 등은 〈아함경〉에 많이 나오는 표현이다.

이다. 오온을 관찰해서 오온에 대해 밝게 알지 못 하면, 무아의 진리를 깨달을 수가 없고, 모든 괴로움을 다 끊을 수 없다. 우리는 수억 겁 동안 오온에 중독되어 온 나머지 오온을 좋아하고, 오온을 탐하여, 오온에서 벗어나지 못 한 나머지 육도윤회의 고통스러운 생을 반복하고 있는 것이다.

여태껏 오온에 대해 알아봤다. 오온은 이와 같이 중요한 것인데, 그동안 부실하게 이해되어 왔기에 상세하게 설명했다.

"오온개공(五蘊皆空)"은 무슨 뜻인가?

그럼 여기서 "오온개공(五蘊皆空)", 즉 '오온은 다 공(空)한 것들'이라는 말은 무슨 말인가? 이것만 알면 〈반야심경〉을 다 아는 것이고, 불교를 다 아는 것이다. '오온은 다 공(空)한 것들'이라는 말은 '오온 따위는 필요 없다'는 말인가? 아니면 '오온은 다 없는 것들'이라는 말인가? 아니면 '온 우주가 다 공하다'는 말인가? 셋 다 아니다. '오온은 다 공(空)한 것들'이라는 말은 '깊은 관찰삼매에 들어서 오온인 내 몸의 물질현상과 정신현상을 관찰해 보면, 그것들은 다 실체가 없는 것들이라서 그것들에 집착하거나 속아서는 안 된다'는 말이다.

이 부분의 지혜륜의 번역과 법월의 번역, 시호의 번역을 보면, 이 세 번역에는 현장이 "조견오온개공(照見五蘊皆空)"으로 번역해 놓은 것을 "조견오온**자성**개공(照見五蘊**自性**皆空)"으로 번역해 놓았다. 이것은 '오온은 다 **실체**[自性자성]가 없는 것들[空공]이라는 사실을 꿰뚫어 봤다'는[137] 뜻이다. 왜냐하면 "오온**자성**개공(五蘊**自**

---

137 照見(조견)에서 照(조)는 '비출 조'이다. 이것은 '반야지혜의 밝음으로 환히 비춘다'는 뜻이고, 見(견)은 본다는 뜻이다. 따라서 照見(조견)은 '반야

性皆空)"에서 "자성(自性)"은 산스크리트어 "스바바바(svabhā-va)"를 번역한 것이고, 이것은 '실체'라는 뜻이고,[138] "공(空)"은 '없는 것[無무]'이라는 뜻이기 때문이다. 또 법성이 번역한 〈반야심경〉을 보면, 거기에는 현장이 "조견오온개공(照見五蘊皆空)"으로 번역한 것을 **"관찰조견**오온**체성**실개시공(**觀察照見**五蘊**體性**悉皆是空)"으로 번역해 놓았다. 우리는 여기서 **"관찰"**이라는 단어에 주목해야 한다. **"관찰조견(觀察照見)"**은 '관찰을 해서 꿰뚫어봤다'는 뜻이다. 여기서 원문의 "체성(體性)"도 앞의 "자성(自性)"과 마찬가지로 '실체'라는 뜻이다. 따라서 "관찰조견오온체성실개시공(觀察照見五蘊體性悉皆是空)"은 '오온을 관찰해서 그것들은 다 실체가 없는 것들임을 꿰뚫어봤다'는 뜻이다.

산스크리트어 원문을 통해 본 "오온개공"의 해석

이와 같이 현장이 "오온개공"으로 한역한 부분은 다른 한역가들도 "오온개공(五蘊皆空)"과 "오온자성개공(五蘊自性皆空)" 등 크게 2가지 의미로 번역해 놓았다. 이들 한역문만으로는 그 뜻을 분명하게 알기가 어렵다. 그럼 산스크리트어 원문에는 이 부분이 어떻게 되어 있는지 한 번 보자.

지혜의 밝음으로 환히 비추어서 밝게 봤다'는 뜻이다.

138 산스크리트어 스바바바(svabhāva)는 性(성), 體(체), 自性(자성), 本性(본성), 體性(체성), 實體(실체), 自然本性(자연본성), 眞如本性(진여본성) 등으로 한역되어 있다. 이 중 '自性(자성)', '體性(체성)' 뿐만 아니라 '實體(실체)'로도 번역되어 있는 것을 볼 수 있다.

pañca -skandhās tāṃś[139] ca svabhāva - śūnyān paśyati[140] sma[141]

판짜 -스칸다스탐쓰 짜 **스바바바** - 쑤니안 빠씨아띠 스마

五(오) 蘊(온) 皆(개) **自性(자성)** - 空無(공무) 觀見(관견)

위의 산스크리트어 원문과 그 밑에 대조해 놓은 단어의 한문번역을 보면 알 수 있듯이 산스크리트어 원문에는 "五蘊皆(오온개)"와 "空(공)"사이에 '**자성**', '**실체**'라는 뜻의 "**스바바바(svabhāva)**"가 들어 있는 것을 볼 수 있다. 이것을 보니, 법월, 지혜륜, 시호가 왜 "오온**자성**개공(五蘊**自性**皆空)"으로 번역했는지 알 수 있다.[142] 이 부분은 "조견오온**자성**개공(照見五蘊**自性**皆空)"으로 번역하는 것이 맞다. 그런데 구마라집은 이것을 "조견오음공(照見五陰空)"으로 번역했고, 현장은 "조견오온개공(照見五蘊皆空)"으로 번역하여, '실체'라는 뜻의 "자성"을 빼버리고 번역했다. 그 결과, '오온은 다 없는 것들임을 꿰뚫어봤다'는 뜻으로 해석되기 쉽도록 만들어버렸다. 오온, 즉 존재의 다섯 요소는 분명히 존재하는 것이다. 그러

---

139 tāṃś(탐쓰)는 '그것들은, those'이라는 뜻이다. 이것은 영어의 that, it, the에 해당하는 산스크리트어 tad(타드)의 복수호격형 tān(탄)이 그 뒤에 있는 ca(짜)의 영향을 받아서 변형된 형태다. '그리고'라는 뜻의 접속사 ca(짜)는 별 의미 없이 쓰이는 경우가 많은데, 이것이 그런 경우다.

140 paśyati(빠씨아띠)는 '본다[견견]'는 뜻의 동사 paś(빠쓰)의 사역형이다. 그러나 여기서는 사역의 의미가 없다. paś(빠쓰), paśyati(빠씨아띠)는 '見(견)', '照見(조견)', '觀(관)', '觀見(관견)', '觀察(관찰)' 등으로 한역돼 있다. "빠씨아띠(paśyati)"는 앞에서 "조견(照見)"으로 번역된 "비아바-로까야띠(vyava-lokayati)"와 동의어다. "觀見(관견)"으로 번역되어 있는 빠씨아띠(paśyati)는 '관찰해서[觀觀] 봤다[견견]', 즉 '꿰뚫어봤다'는 뜻이다.

141 sma(스마)는 동사 뒤에 붙어서 과거형을 이루는 접미어다.

142 또 법성이 왜 "오온**체성**실개시공(五蘊**體性**悉皆是空)"으로 번역했는지 알 수 있다.

119

나 그것들은 실체가 없이 존재하는 것이다. 그런데 이런 뜻을 '오온은 다 없는 것들'이라는 뜻으로 해석되기 쉽도록 번역해 놓은 것은 문제가 좀 있다고 말할 수 있다. 오온은 엄연히 존재하여, 내 삶에 작동하고 있는데, '오온은 다 없는 것들'이라고 해석하면, 그것은 이상한 말이 되어버린다. 여태껏 "오온개공"은 실제로 이상한 말로 해석돼왔다. 무비 스님의 〈반야심경〉 해설서를 보면, 거기에는 "조견오온개공(照見五蘊皆空)"을 "오온이 모두 공함을 비춰 보고"라고 번역해 놓고, 그것에 대해 "(관자재보살은) 지혜를 통해 우리 몸을 위시해서 모든 현상계와 온갖 감정의 세계를 텅 빈 것으로 깨달아 안다"고 해설한 뒤 "우리 몸과 마음을 텅 빈 것으로 바라보는 지혜가 있어야 한다"는 취지로 말해 놓았다.[143] 그러고 나서 무비 스님은 "존재의 본래 모습은 텅 빈 것이며, 그것은 색도 없고, 수상행식도 없는 것"[144]이라고 말해 놓았다. 또 한국불교의 현대화를 주도하신 광덕(1927-1999) 스님은 〈반야심경 강의〉에서 "인간과 그 환경 및 **우주 전체**를 말할 때 오온으로 표현했고, 이들 세계 현상을 반야바라밀다에서 보니, 공(空)했다고 한 것"[145]이라고 말했다. 광덕 스님은 그러고 난 뒤 그 뒤에서 "공(空)은 앞에서도 말한 바와 같이 śūnyatā(쑤니아타), 즉 '없다'는 뜻"이라고 했다. 이 두 말을 조합하면 "오온개공(五蘊皆空)"은 '우주 전체가 없다'는 말이 된다.[146] 이런 이상한 해석이 나오게 된 것은 구마라집과 현장이 〈반야심경〉을 한역하면서 "오온**자성**개공(五蘊**自性**皆空)"으로 번역

---

143 〈예불문과 반야심경〉 무비 스님 풀이. 불일출판사. 1997년. 178쪽의 6행
144 위의 책 204쪽의 4행
145 〈반야심경 강의〉 광덕 지음. 불광출판부. 1998년. 56쪽
146 이 외의 〈반야심경〉 해설자들도 거의 다 "오온개공"을 '우주 삼라만상이 다 텅 빈 것'이라는 뜻으로 해석해 놓았다.

해야 할 것을 "오음공(五陰空)"과 "오온개공"으로 번역해 놓은 데그 원인이 있다고 할 수 있다. "오온**자성**개공(五蘊**自性**皆空)"으로 정확하게 번역하지 않고 "오음공(五陰空)"과 "오온개공"으로 번역한 구마라집과 현장은 〈반야심경〉의 의미가 제대로 전달되는 것을 원하지 않았기 때문에 한역하면서 '실체'라는 뜻의 "**自性(자성)**"을 빼버렸다고 볼 수 있다.[147] 경전 번역가가 경전을 번역하면서 그 뜻이 제대로 전달되는 것을 원하지 않았다는 말은 이해하기 어려운 말일 것이다. 하지만 이것은 사실이다. 〈반야심경〉의 첫 문장에 나오는 "[관자재보살]행심반야바라밀다**행**시(行深般若波羅蜜多**行**時)"[148]에서 고딕체의 "**행(行)**"자를 빼버리고, "행심반야바라밀다시"[149]로 번역해 놓은 것과 "반야바라밀다"를 중국말로 번역하지 않고 산스크리트어의 음을 그대로 사용한 것도 같은 이유에서다. "반야바라밀다"는 '**지혜의 완성**'으로 번역하여 뜻이 통하도록 해야 한다. 또 구마라집과 현장은 〈반야심경〉 본문의 "도일체고액(度一切苦厄)" 바로 뒤에 있던 〈반야심경〉의 핵심 메시지인 지혜를 완성하는 수행방법을 묻는 질문과 그에 대한 답변을 다시 넣을 수 있었는데도 불구하고 통째로 다 빼버린 것[150]도 같은 이유

---

147   또 "오온자성개공(五蘊自性皆空)"으로 번역하면, '오온은 다 자성이 없는 것들'이라는 뜻이 되어서 중국 선불교에서 가장 중요시하는 "자성"을 부정하는 말이 될 수 있기 때문에 "자성"을 빼버렸다고도 볼 수 있다.
148   이것은 "관자재보살이 존재의 다섯 요소[오온]를 관찰해가며, **깊은 지혜를 완성하는 수행에 전념하고 있을 때**"라는 뜻이다.
149   "[관자재보살]행심반야바라밀다시(行深般若波羅蜜多時)"를 조계종 표준 한글 〈반야심경〉에서는 "[관자재보살이] **깊은 반야바라밀다를 행할 때**"라고 번역해 놓았다.
150   빼버린 내용은 다음과 같다. [이 때 사리불 존자가 부처님의 불가사의한 힘에 의해 합장 공경하고, 관자재보살에게 물었다. "만약 선남자가 깊은 지혜

에서다. 이와 같이 이해하기 어려운 일이 〈반야심경〉을 한역하는
과정에서 일어났다. 이와 같은 여러 가지 사실로 미루어 볼 때 구
마라집과 현장은 〈반야심경〉을 번역하면서 그 뜻이 제대로 전달
되는 것을 원하지 않았다고 보는 것이 맞을 것이다. 그래서 그들은
"지혜를 완성하는 수행방법을 말해주는 경"인 〈반야심경〉을 "주
문의 경"으로 만들어버렸다.

"오온자성개공"은 '오온은 다 그 자체의 실체가 없는 것들'이라는 뜻이다

그럼 "오온자성개공(五蘊自性皆空)"은 무슨 뜻인가? 이것은 '오온
은 다 그 자체의 실체가 없는 것들'이란 뜻이다. "자성(自性)" 또는
"체성(體性)"으로 번역되어 있는 "스바바바(svabhāva)"[151]는 '그
자체의 실체'라는 뜻이다. 왜냐하면 '그 자체의(of it's own)'라는
뜻의 "스바(sva)"와 '실체'라는 뜻의 "바바(bhāva)"[152]가 결합되

를 완성하는 수행을 하려고 하면, 어떤 방법으로 수행해야 합니까?" 이렇게 묻
자, 관자재보살이 말했다. "사리불 존자이시여, 만약 선남자 선여인이 깊은 지
혜를 완성하는 수행을 하려고 하면, 존재의 다섯 요소를 관찰하여, 그것들은
다 실체가 없는 것들임을 꿰뚫어봐야 합니다."]

151   산스크리트어 svabhāva(스바바바)에서 sva(스바)는 '그것 자체의(of
it's own)'라는 뜻이고, bhāva(바바)는 '천성(天性)', '본성(本性)', '타고난 성
질', '누가 어떻게 하지 않아도 저절로[自] 그렇게 되는 본래의 성질[性]', '고
유의 성질', 'inherent or innate nature'라는 뜻이다. 따라서 svabhāva(스바바
바)는 '그것 자체의 실체'라는 뜻으로, '性(성)', '體(체)', '自性(자성)', '本性
(본성)', '自然本性(자연본성)', '體性(체성)', '眞如體性(진여체성)', '自體(자
체)', '實體(실체)' 등으로 한역되어 있다.

152   bhāva(바바)는 '존재', '존속(存續)', '영속(永續)', '實在(실재)', '실체
(實體)', '자체(自體)' 등의 뜻으로, '有(유)', '法(법)', '性(성)', '體(체)', '有法
(유법)', '有性(유성)', '有體(유체)', '自體(자체)', '自性(자성)', '實在(실재)'

어, '그 자체의 실체'라는 뜻을 형성하기 때문이다. 또 '그 자체의 실체'라는 뜻의 스바바바에 '없는 것'이라는 뜻의 쑤니안[空공][153] 이 붙은 "스바바바-쑤니안(svabhāva自性-śūnyān空)"은 '그 자체의 [sva스바] 실체[bhāva바바]가 없는 것들[śūnyān쑤니안空공]'이라는 뜻을 형성한다. 이 말의 주어는 오온이기 때문에 '오온은 다 그 자체의 실체가 없는 것들'이란 뜻이다. 이로써 "오온개공" 또는 "오온자성개공"의 의미가 분명하게 드러났다. "오온개공" 또는 "오온자성개공"은 '오온은 다 그 자체의 실체가 없는 것들[空공]' 이라는 뜻이다. 따라서 **"조견오온자성개공(照見五蘊自性皆空)"**은 **'오온은 다 그 자체의 실체가 없는 것들[空공]이라는 사실을 꿰뚫어봤다'**는 뜻이다.

"조견오온개공"에 해당하는 산스크리트어 구절을 에드워드 콘쯔 (Edward Conze, 1904 - 1979)는 다음과 같이 영역해 놓았다.

"He beheld but five heaps, and He saw that in their own-being they were empty."[154] (그는 의식을 집중해서 오로지 오온만 관찰해가다가 오온은 다 그 자체의 존재[being]에 있어서 실체가 없는 것들임[empty]을 꿰뚫어봤다.)

등으로 한역되어 있다. '오온은 다 그 실체가 없다'고 말할 때, 이 말은 '오온은 인연에 의해 찰라 순간 존재할 뿐, 실재(實在)로서 존속(存續)·영속(永續)하지는 않는다'는 뜻이다.

153 śūnyān(쑤니안)은 형용사 śūnya(쑤니아)가 격(格)변화한 것이다. śūnya(쑤니아)는 '없는', '존재하지 않는' 등의 뜻으로, '零(영, 제로)', '無(무)', '空(공)', '空無(공무)', '不在(부재)', '空虛(공허)', '空寂(공적)' 등으로 한역되어 있다.

154 〈범본 영역주(英譯註) 금강경·심경 Buddhist Wisdom Books〉GEORGE ALLEN & UNWIN LTD. 1958. 77쪽

위의 번역에서 콘쯔는 공(空)을 '실체(알맹이)가 없는 것'이라는 뜻의 'empty엠프티'로 번역해 놓았다. 그럼 '오온은 다 그 자체의 실체가 없는 것들'이란 말은 무슨 말인가? 여기서 '그 자체의 실체', '자성(自性)' 등은 산스크리트어 "스바바바(svabhāva)"를 번역한 것이다. '오온은 다 그 자체의 실체가 없는 것들'이란 말의 뜻을 알기 위하여 우선 '그 자체의 실체'로 표현되어 있는 자성이 어떤 것인지 알아보자. AD. 2~3세기에 초기대승불교를 확립한 용수 보살은 〈근본중송(根本中頌)〉에서 자성을 다음과 같이 정의해 놓았다.

"자성(自性)은 [인(因)과 연(緣)에 의해] 만들어진 것이 아니고, 다른 존재에 의존해서 생겨난 것이 아닌 것이다."[155]

위의 정의에 의하면, 자성은 인연에 의해 생겨난 것이 아니고, 다른 존재에 의존해서 생겨난 것도 아니며, 본래부터 스스로 존재하는 것이라는 말이다. '자성' 또는 '그 자체의 실체' 등이 이런 뜻이라면, '오온은 다 그 자체의 실체가 없는 것들'이란 말은 무슨 말인가? 그것은 '오온은 다 인연화합에 의해 생겨난 것들이기 때문에 고정불변의 실체가 없는 것들이고, 인(因)과 연(緣)에 의해 찰나순간 일어났다가 사라지는 것들'이라는 말이다. 이 말은 '오온은 다 연기(緣起)에 의해 찰나순간 존재하는 것일 뿐, 실재(實在)로서 존

---

155 〈근본중송〉제15장-2게송 "性名爲無作(성명위무작) 不待異法成(부대이법성)" 待(대) 기다릴 대. 이 待(대)는 '依(의)'로 번역해야 할 것을 잘못 번역한 것이거나 옮겨 적을 때 잘못 옮겨 적은 것으로 볼 수 있다. 왜냐하면 티베트어본 〈중론〉을 보면, 거기에는 '자성은 만들어지는 것이 아니고, 다른 존재에 의지해서 생성되는 것이 아니다'는 취지로 번역되어 있기 때문이다. 〈중론〉신상환 옮김. 도서출판b. 2018. 151쪽 참조

속(存續)하는 것은 아니라'는 말이다.

오온은 독립적으로 존재하지 못 하고 서로 의지해서 일어난다. 만약 업 지음[行행]이 없으면, 몸의 물질현상은 일어날 수가 없다. 만약 몸의 물질현상이 없으면, 느낌, 인식, 업 지음[行행], 식별작용[識식]도 일어날 수가 없다. 또 식별작용이 없으면, 느낌, 인식이 일어날 수가 없다. 이와 같이 오온의 각 요소는 그것이 존재하기 위해 어떤 조건을 필요로 한다. 그 어떤 조건도 필요로 하지 않고 스스로 존재할 수가 없기 때문에 오온은 그 자체의 실체가 없는 것들이다. 이것이 "오온개공" 또는 "오온자성개공(五蘊自性皆空)"의 의미이다. 이 "오온개공" 또는 "오온자성개공"은 무아법(無我法)을 말해 놓은 것이다. 용수 보살은 〈중론〉에서 "空(공)은 연기(緣起)를 의미한다"고 했다. 오온과 같이 연기에 의해 생겨난 것들은 다 고정불변의 실체가 없는 것들이다. 오온, "나", 몸과 마음, 몸의 물질현상과 정신현상은 다 고정불변의 실체가 없는 것들이다. 그것들은 연기법(緣起法)에 의해 찰나순간 존재하고 있을 뿐이다. 만약 오온이 일어나게끔 만드는 인연이 다 소멸되면, 오온도 또한 다 소멸된다는 말이다. 오온이 다 소멸된 것이 열반이다. 하지만 중생들은 이러한 오온의 실체 없음의 속성을 깨닫지 못 하고, 오온에 집착하고, 오온에 속는다. 그들은 고정불변의 "나[我아]"가 있다고 착각하고, 힌두교에서 말하듯이 생겨난 적도 없고, 없어진 적도 없는[156] 깨끗한 나의 순수의식인 아트만 또는 자성이 있다고 생각한

---

156 생겨난 적도 없고, 없어진 적도 없는 것을 흔히 '부증생(不曾生)부증멸(不曾滅)'이나 '불생불멸(不生不滅)'로 표현한다. '일찍이 생겨난 적도 없고, 없어진 적도 없다'는 뜻이다. 이것은 선가(禪家)에서 자성의 특성을 노래할 때 사용되는 상투어다. 서산대사〈선가귀감〉의 첫 머리에 "有一物於此(유일물어차) 從本以來(종본이래) 昭昭靈靈(소소영영) 不曾生(부증생) 不曾滅(부증멸)

다. 그 결과, 그들은 괴로움에서 벗어나지 못 하고, 괴로움의 윤회를 반복한다.

〈잡아함경〉에서 아난 존자가 사리불 존자에게 다음과 같이 말했다.

"사리불 존자여, 오온은 본래 업 지음[行행]이 만들어내는 것들이고, 업 지음이 원하는 것들입니다. 오온은 무상(無常)한 것들이고, 소멸되는 존재들입니다."[157]

오온은 고정불변의 실체, 즉 자성이 없는 존재들이고, 무상한 것들이고, 소멸되는 존재들이라는 말이다. 석가부처님 불교에서는 오온을 다 소멸하여, 다시는 오온이 일어나지 못 하게 만들기 위해 수행한다.

그럼 이번에는 석가부처님은 "오온개공"을 어떻게 설명해 놓았는지 한 번 보자.

부처님께서 오온개공(五蘊皆空)의 의미를 이해시키기 위해 드신 비유, 〈잡아함경〉 제265. 〈물거품의 경〉[158]

이와 같이 내가 들었다. 한 때 부처님께서 아비타국의 항하강변

名不得(명부득) 相不得(상부득), 一物者何物(일물자하물)"이라는 선구(禪句)가 있다. 그 뜻은 다음과 같다. "여기 한 물건이 있다. 이것은 본래부터 밝고, 신령스러워서 일찍이 생겨난 적도 없고, 없어진 적도 없으며, 이름을 붙일 수도 없고, 모습을 볼 수도 없다. 이 한 물건이 무엇인가?"

157 〈잡아함경〉 제260경 065c18 "阿難言(아난언) 舍利弗(사리불) 五受陰(오수음)是本行所作(시본행소작) 本所思願(본소사원)是無常·滅法(시무상·멸법)"

158 이 경과 비슷한 내용으로 〈신수대장경〉 제2권 501쪽에 독립경으로 수록되어 있는 〈불설수말소표경佛說水沫所漂經〉이 있다.

에 계셨다. 그 때 세존께서 여러 비구들에게 말했다.

"**[내 몸의 모든 물질현상[色색]에 아무 것도 없음을]** 비유를 들어서 말하면, 그것은 갠지스강의 큰물이 갑자기 일어남으로써 흐름을 따라 모여든 물거품 덩어리를 눈 밝은 사람이 자세히 관찰하여 분별해보는 것과 같다. 물거품 덩어리를 자세히 관찰하여 분별해 보면, 거기에는 아무것도 없다. 굳음도 없고, 알맹이도 없고, 견고(堅固)함도 없다. 왜냐하면 물거품 덩어리에는 고정된 실체[堅實견실]가 없기 때문이다.

물거품 덩어리에 아무 것도 없듯이 온갖 내 몸의 물질현상[色색]에도 아무 것도 없다. 그 물질현상[色색]이 과거의 것이든, 미래의 것이든, 현재의 것이든, 안에 있는 것이든, 밖에 있는 것이든, 거친 것이든, 미세한 것이든, 아름다운 것이든, 추한 것이든, 멀리 있는 것이든, 가까이 있는 것이든, 비구들이여, 그것들을 자세히 관찰하여 사유하고 분별해 보라. 그러면 거기에는 아무 것도 없다. 굳음도 없고, 알맹이도 없고, 견고함도 없다. 그것들은 병(病)과 같고, 종기와 같고, 가시와 같고, 상처[殺]와 같다. [이와 같이 내 몸의 물질현상도] 계속 변하여, 고정된 것이 없는 것들이고[無常무상], 괴로운 것들이며[苦고], 실체가 없는 것들이고[空공], "나[我]"가 아니다[非我비아]. 왜냐하면 내 몸의 물질현상[色색]에는 고정불변의 실체[堅實견실]가 없기 때문이다.

비구들이여, **느낌[受수]**에 아무 것도 없음을 비유를 들어서 말하면, 그것은 큰 비가 내려서 물거품 하나가 일어났다가 사라지는 것을 눈 밝은 사람이 자세히 관찰하여 사유하고 분별해 보는 것과 같다. 물거품을 자세히 관찰하여 사유하고 분별해 보면, 거기에는 아무 것도 없다. 굳음도 없고, 알맹이도 없고, 견고함도 없다. 왜냐하면 물거품에는 고정불변의 실체가 없기 때문이다.

하나의 물거품에 아무 것도 없듯이 온갖 느낌에도 아무 것도 없다. 그 느낌이 과거의 것이든, 미래의 것이든, 현재의 것이든, 안에 있는 것이든, 밖에 있는 것이든, 거친 것이든, 미세한 것이든, 아름다운 것이든, 추한 것이든, 멀리 있는 것이든, 가까이 있는 것이든. 비구들이여, 그 느낌을 자세히 관찰하여 사유하고 분별해 보라. 그러면 거기에는 아무 것도 없다. 굳음도 없고, 알맹이도 없고, 견고함도 없다. 그것은 병(病)과 같고, 종기와 같고, 가시와 같고, 상처와 같다. [이와 같이 나에게 일어나고 있는 온갖 느낌은] 계속 변하여, 고정된 것이 없는 것들이고[無常무상], 괴로운 것들이며[苦고], 실체가 없는 것들이고[空공], "나[我]"가 아니다[非我비아]. 왜냐하면 느낌에는 고정불변의 실체가 없기 때문이다.

비구들이여, **인식[想**상**]**에 아무 것도 없음을 비유를 들어서 말하면, 그것은 늦봄이나 초여름의 구름 한 점 없는 한낮에 아지랑이가 아른거리며, 움직이는 것을 눈 밝은 사람이 자세히 관찰하여 사유하고 분별해 보는 것과 같다. 자세히 관찰하여 사유하고 분별해 보면, 거기에는 아무 것도 없다. 굳음도 없고, 알맹이도 없고, 견고함도 없다. 왜냐하면 아지랑이에는 고정불변의 실체가 없기 때문이다.

아지랑이에 아무 것도 없듯이 온갖 인식[想상]에도 아무 것도 없다. 그것이 과거의 것이든, 미래의 것이든, 현재의 것이든, 안에 있는 것이든, 밖에 있는 것이든, 거친 것이든, 미세한 것이든, 아름다운 것이든, 추한 것이든, 멀리 있는 것이든, 가까이 있는 것이든, 비구들이여, 그것을 자세히 관찰하여 사유하고 분별해 보라. 그러면 거기에는 아무 것도 없다. 굳음도 없고, 알맹이도 없고, 견고함도 없다. 그것은 병과 같고, 종기와 같고, 가시와 같고, 상처와 같다. [이와 같이 나에게 일어나고 있는 온갖 인식은] 계속 변하여, 고정된 것이 없는 것들이고[無常무상], 괴로운 것들이며[苦고], 실체가 없는 것들이고[空공], "나[我]"가 아니다[非我비아]. 왜냐하면 인식에는 고정불변의 실체가 없기 때문이다.¹⁵⁹

비구들이여, **업 지음[行행]**에 아무 것도 없음을 비유를 들어서 말하면, 눈 밝은 사내가 단단한 재목(材木)을 구하기 위하여 날이 잘 선 도끼를 들고 숲속으로 들어간다. 파초나무가 통통하고, 곧고, 길고, 큰 것을 보고, 그 밑둥치를 베고, 꼭대기를 자르고, 잎사귀를 차례로 벗겨 보아도 도무지 단단한 알맹이라고는 없다. ....비구들이여, 그것을 자세히 관찰하여 사유하고 분별해 보라. 그러면 거기에는 아무 것도 없다. 굳음도 없고, 알맹이도 없고, 견고함도 없다. 무슨 까닭인가? 파초에는 단단한 알맹이가 없기 때문이다. 이와 같이 온갖 업 지음은 그것이 과거의 것이든, 미래의 것이든, 현재의 것이든, 안에 있는 것이든, 밖에 있는 것이든, 거친 것이든, 미세한 것이든, 아름다운 것이든, 추한 것이든, 멀리 있는 것이든, 가까이 있는 것이든, 비구들이여, 그것을 자세히 관찰하여 사유하고 분별해 보라. 그러면 거기에는 아무 것도 없다. 굳음도 없고, 알맹이도 없고, 견고함도 없다. 그것은 병과 같고, 종기와 같고, 가시와 같고, 상처와 같다. [이와 같이 내가 일으키고 있는 이 온갖 업 지음도] 계속 변하여, 고정된 것이 없는 것들이고[無常무상], 괴로운 것들이며[苦고], 실체가 없는 것들이고[空공], "나[我]"가 아니다[非我비아]. 왜냐하면

---

159 "無常(무상)·苦(고)·空(공)·非我(비아)所以者何(소이자하)以想無堅實故(이상무견실고)"

업 지음[行]에는 고정불변의 실체가 없기 때문이다.

비구들이여, **식별작용·의식 [識식]**에도 아무 것도 없음을 비유를 들어서 말하면, 마술사와 그 제자가 사거리에서 상병(象兵), 마병(馬兵), 차병(車兵), 보병(步兵)을 마술로 만들어 보이는 것을 지혜롭고 눈 밝은 사람이 자세히 관찰하여 사유하고 분별해 보는 것과 같다. 그것을 자세히 관찰하여 분별해 보면, 거기에는 아무 것도 없다. 굳음도 없고, 알맹이도 없고, 견고함도 없다. 무슨 까닭인가? 마술로 만들어낸 것들은 다 실체가 없는 것들이기 때문이다. 이와 같이 온갖 식별작용·의식 [識식]은 그것이 과거의 것이든, 미래의 것이든, 현재의 것이든, 안에 있는 것이든, 밖에 있는 것이든, 거친 것이든, 미세한 것이든, 아름다운 것이든, 추한 것이든, 멀리 있는 것이든, 가까이 있는 것이든, 비구들이여, 그것을 자세히 관찰하여 사유하고 분별해 보라. 그러면 거기에는 아무 것도 없다. 굳음도 없고, 알맹이도 없고, 견고함도 없다. 그것은 병과 같고, 종기와 같고, 가시와 같고, 상처와 같다. [이와 같이 내가 일으키고 있는 이 온갖 식별작용·의식[識식]도] 계속 변하여, 고정된 것이 없는 것들이고[無常무상], 괴로운 것들이며[苦고], 실체가 없는 것들이고[空공], "나[我]"가 아니다[非我비아]. 왜냐하면 식별작용·의식[識식]에는 고정불변의 실체가 없기 때문이다.

이 때 세존께서 그 뜻을 거듭 펴기 위해 게송으로 말했다.

몸의 물질현상[色색]은 물 위의 거품덩어리와 같고,
느낌[受수]은 처마 끝 낙숫물의 물거품과 같으며,
인식[想상]은 봄날의 아지랑이와 같고,
온갖 업 지음[行행]은 파초둥치와 같으며,

의식[識식]이 만들어내는 모든 존재는 허깨비와 같음을 관찰하
라고 석가족의 존자는 말한다네.

면밀하게 잘 사유하고
바른 알아차림으로 관찰해 보면
실체도 없고, 견고하지도 않아서
"나[我아]"라고 할 만한 것이 없고,
'내 것'도 없다네.
고통 덩어리인 이 몸에 대해
큰 지혜로 분별해서 설하나니
세 가지가 떠나고 나면
이 몸은 버려질 물건이라네.

목숨과 따뜻한 기운과 의식이 떠나고 나면,
남겨진 몸뚱이는 영영 무덤가에 버려지게 되는데,
그것은 마치 나무토막과 같아서 의식이 없다네.

자신[此身차신]¹⁶⁰은 언제나 이와 같지만
어리석은 사람들은 허깨비에 속는구나.
자신은 상처와 같고, 독가시와 같아서
고정된 실체가 없는 것이라네.

비구들이여, 부지런히 닦아 익혀서
존재의 다섯 요소[오온]로 구성되어 있는

---

160 여기서의 '자신[此身차신]'은 "나" 또는 '이 몸뚱이'를 의미하는 말이다.

자신을 관찰해가라.

밤낮으로 언제나 오롯한 마음이 되어서

바른 지혜로 마음을 묶어서 머물면

온갖 망상이 영원히 쉬어져서

청량한 곳에 영원히 머물리라.

위의 경에서 부처님께서 "오온개공"의 의미를 누구나 알아들을 수 있도록 설명해주고 있다. 부처님께서 말하는 "오온개공"의 의미는 오온의 5요소 중 어느 것을 관찰해 봐도, 그것들은 다 찰나 순간 일어났다가 사라지는 무상한 것들이고, 알맹이가 없는 것들이라서 그 어디에도 "나"라고 할 만한 것이 없다는 말이고, 오온은 다 실체가 없는 것들이라서 그것들에 속아서는 안 된다는 말이다.

2) 도일체고액(度一切苦厄)

도일체고액: 모든 괴로움에서 벗어나게 되었다. '열반을 성취했다'는 뜻.
度(도) 건널 도. 一切(일체) 모든. 苦(고) 괴로울 고. 괴로움. 厄(액) 재앙 액

"도일체고액(度一切苦厄)"은 '열반을 성취하여, 모든 괴로움에서 벗어나게 되었다'는 말이다. 조계종 표준 〈한글 반야심경〉에는 이것을 "(오온이 공한 것을 비추어 보고) 온갖 고통에서 건너느니라"고 번역해 놓았다. 이것은 잘 된 번역이라고 말할 수 없다. 왜냐하면 "온갖 고통에서 건너느니라"는 말은 어법에 맞지 않아서 어색할 뿐만 아니라 "건너느니라"는 표현이 '건널 것이라'는 말인지, '건넌다'는 말인지, '건넜다'는 말인지 분명하지 않기 때문이다.
度(도)는 '벗어나게 되었다'는 뜻이다. 반야와 이언 등이 공동 한

역한 〈반야심경〉에는 "度(도)" 대신 '벗어나게 되었다'는 뜻의 "離(리)[161]" 자를 써서 "조견오온개공(照見五蘊皆空) 이제고액(離諸苦厄)"으로 번역해 놓았다. "度(도)"보다는 "離(리)"가 더 쉽고도 정확하게 번역해 놓은 것이라고 할 수 있다.

苦厄(고액)은 산스크리트어 **두카**(duḥkha)를 번역한 것으로, '苦(고)'와 같은 의미다. '苦(고)'의 산스크리트어 원어도 두카이기 때문이다. 두카는 '불유쾌한', '불만족스러운', '고생하기에 충분한', '애처로운' 등의 뜻이 있고, 이것은 '苦(고)', '難(난)' 등으로 한역되어 있다. 두카는 또 고통, 어려움, 근심·걱정, 수고(受苦) 등의 뜻이 있고, 이것은 '苦(고)', '惱(뇌)', '苦惱(고뇌)', '苦厄(고액)', '憂苦(우고)' 등으로 한역되어 있다. 이와 같음을 볼 때 "도일체고액(度一切苦厄)"은 '모든 괴로움에서 벗어나게 되었다'는 말이다. 여기서 '모든 괴로움에서 벗어나게 되었다'는 말의 의미를 알아야 한다. 이것은 적멸열반을 성취하여, 더 이상 사고(四苦), 팔고(八苦) 등의 괴로움을 되풀이하지 않는다는 말이다. 열반은 다시는 어떤 번뇌도 일어나지 않아서 괴로움이 없는 상태이고, 다음 몸을 받지 않을 것이라서 윤회를 완전히 다 끝낸 상태다. 석가부처님 불교의 궁극적인 목표는 열반을 성취하여 윤회를 벗어나는 것이다. 중생들로 하여금 이런 열반의 존재를 믿게 하고, 열반을 추구하게끔 만들기 위한 경이 〈반야심경〉이다. 그렇기 때문에 〈반야심경〉에서 말하고 있는 열반의 존재를 믿지 않고, 열반성취에 대해 아무런 관심도 없으면서 오직 복(福)을 받고, 액난을 쫓겠다는 마음으로 〈반야심경〉을 외운다면, 진정한 의미에 있어서 그들을 '불제자(佛弟子)'[162]라고 말하기 어렵다. 왜냐하면 진정한 의미에 있어서

---

161 離(리)는 떠날 리, 떨어질 리, 결별할 리, 벗어날 리 등의 뜻이다.

불교의 믿음은 불보살의 가피력이나 기도의 영험을 믿는 것이 아니라[163] "존재의 다섯 요소[오온]를 관찰해가면, 지혜가 완성된다"는 사실을 믿는 것이고, "그 지혜로 존재의 다섯 요소의 실체 없음을 꿰뚫어보면, 모든 괴로움에서 벗어날 수 있다"는 부처님 말씀을 믿는 것이기 때문이다.

"도일체고액(度一切苦厄)"은 산스크리트어 원문에는 없는 내용이다.

한역 〈반야심경〉의 "도일체고액"의 부분은 산스크리트어 원문에는 없는 내용이다. 구마라집이 최초로 〈반야심경〉을 한역하면서 "도일체고액"을 집어넣은 것으로 보인다. 놀라운 것은 총 8종의 〈반야심경〉 한역본 중 법월(法月)의 한역과 법성(法成)의 한역을 제외한 나머지 6개의 한역본에 "도일체고액"의 내용이 다 들어 있다는 사실이다. 혹시 7종의 산스크리트어 사본 중에 "도일체고액"의 내용이 들어 있는 것이 있는지 확인해 봤다. 이런 내용이 들어 있는 산스크리트어 사본은 찾아볼 수가 없었다. 한역 〈반야심경〉의 "관자재보살 행심반야바라밀다시 조견오온개공 도일체고액"[164]에 해당하는 산스크리트어 원문을 번역하면 다음과 같다.

거룩한 관자재보살께서 깊은 지혜를 완성하는 수행에 전념하고 있을 때 존재의 다섯 요소를 밝게 관찰해갔다. 그러다가 그것들은 다 실체가 없는 것들임을 꿰뚫어봤다.

162 불제자는 '부처님의 제자'라는 말이다.
163 이 말은 불보살의 가피력이나 기도의 영험을 믿지 말라는 말이 아니다. 참고로 말하면 필자는 관음신앙을 믿고, 관세음보살 탱화를 모시고 있다.
164 "觀自在菩薩 行深般若波羅密多時 照見五蘊皆空 度一切苦厄"

위의 번역에 대한 산스크리트어 원문은 다음과 같다.

"ārya(聖성,거룩한) Avalokiteśvaro(觀自在관자재) bodhisatt-
vo(菩薩보살) gambhīrāyāṃ(深심,깊은) prajñā(般若반야,지
혜) pāramitāyāṃ(波羅蜜多바라밀다,완성) caryāṃ(行행,수행)
caramāṇo(行時행시,해가고 있을 때) vyavalokayati(明觀명관,밝
게 관찰했다) sma(已이) pañca(五오,다섯) skandhās(蘊온,존재
의 구성요소), tāṃś(彼피,그것들) ca svabhāva(自性자성,실체)-
śūnyān(空공,없음) paśyati(照見조견,꿰뚫어 봤다) sma(已이)."

이 산스크리트어 원문의 각 단어의 오른쪽 괄호 속 내용은 독자의
이해를 돕기 위해 필자가 임의로 넣은 것이다. 위의 산스크리트어
원문의 내용을 보면, 거기에는 〈반야심경〉 한역문의 "도일체고
액"의 내용이 없다. 그럼 〈반야심경〉에서 "도일체고액"을 빼야 하
는가? 필자는 뺄 필요가 없다고 본다. 왜냐하면 〈반야심경〉의 전
체 구조를 볼 때, 이것이 들어간 것이 의미전달이 훨씬 잘 되기 때
문이다.

5. 현재 〈반야심경〉에는 주제문이 빠져 있다

현재 우리가 독송하고 있는 한문 〈반야심경〉은 현장이 한역한 것
이다. 이 현장 한역본에는 "도일체고액"과 "사리자 색불이공" 사
이에 있는 다음과 같은 내용이 빠져 있다.

이 때 사리불 존자가 부처님의 불가사의한 힘에 의해 합장 공경

하고, 관자재보살에게 물었다. "만약 선남자가 깊은 지혜를 완성하는 수행을 하려고 하면, 어떤 방법으로 수행해야 합니까?" 이렇게 묻자, 관자재보살이 말했다. "사리불 존자여, 만약 선남자 선여인이 깊은 지혜를 완성하는 수행을 하려고 하면, 존재의 다섯 요소[오온]를 관찰하여, 그것들은 다 실체가 없는 것들임을 꿰뚫어봐야 합니다."

〈반야바라밀다심경〉은 〈지혜를 완성하는 수행방법의 핵심을 말해주는 경〉이라는 뜻이다. 이러한 경(經)의 제목이 말해주고 있듯이 "깊은 지혜를 완성하는 수행을 하려고 하면, 존재의 다섯 요소[오온]를 관찰하여, 그것들은 다 실체가 없는 것들임을 꿰뚫어봐야 한다"는 말이 〈반야심경〉을 통해 말해주고자 하는 경의 핵심 메시지이다. 그러나 현재 우리가 독송하고 있는 한문 〈반야심경〉에는 이러한 내용이 없다. 왜 없는가? 인도의 후기 대승불교도 혹은 중국의 불경 번역가가 이 내용을 빼버렸기 때문이다. 왜 뺐을까? 유식불교가 등장하는 AD. 4세기 이후의 대승불교도들, 특히 중국인들은 관찰법이 필요 없었기 때문이다. 왜 관찰법이 필요 없었는가? AD. 4세기 이후의 대승불교에서는 선(禪)을 닦을 때 존재의 다섯 요소[오온]를 관찰하지 않고, 염불, 다라니, 선정(禪定), 화두 등의 멈춤법[止지][165]에 의해 닦기 때문이다. 그럼 대승불교에서는 왜 멈춤법에 의해 닦는가? AD. 4세기 이후의 중국의 대승불교는 무아(無我)가 아니라 진아(眞我), 참나, 자성자리 등을 찾는 불교이고, 관찰법은 깊은 지혜를 완성하여, "무아", 즉 '나라고 할 만한

---

165 멈춤법[止지]은 '사마타'를 번역한 말이다. 이것은 한 대상에 의식을 집중해서 번뇌망상이 일어나지 못 하게 하는 방법이다.

것이 없다'는 사실을 깨닫기 위한 수행법이기 때문이다.[166] 중국의 대승불교도들은 영원히 변하지 않고, 항상 깨끗한 상태 그대로 있는 "참나"[167]를 깨닫기 위해 멈춤[168]을 닦는다. 이러한 참나를 믿는 대승불교도들에게는 무아(無我)의 진리를 깨닫기 위한 관찰법이 필요 없었다. 그래서 그들은 〈반야심경〉에서 "깊은 지혜를 완성하기 위해서는 존재의 다섯 요소를 관찰하여, 그것들은 다 실체가 없는 것들임을 꿰뚫어봐야 한다"는 내용을 빼버렸다. 그리고 〈지혜를 완성하는 수행방법의 핵심을 말해주는 경〉인 〈반야심경〉을 "주문(呪文)의 경"으로 만들어 버렸다.

6. 〈반야심경〉의 첫 문장, 어떻게 번역되어 있나?

현장이 한역한 〈반야심경〉의 첫 문장은 다음과 같은 뜻이다.

---

166 앞에서 관찰을 설명하면서 〈대승기신론〉 내용을 인용하여, "관찰은 [자신의 몸과 마음에서] 인연에 의해 일어났다가 사라지는 현상들을 밝게 보는[分別,明見] 것으로서 **위빠사나 관찰수행**을 의미한다"고 말한 바 있다. 〈대승기신론〉수행신심분(修行信心分), 진제 번역 : "所言觀者(소언관자)。謂分別因緣生滅相(위분별인연생멸상)。隨順(수순) **毘鉢舍那觀(비빠사나관)** 義故(의고)" 실차난타 번역 : "明見因果生滅之相(명견인과생멸지상)是觀義(시관의)"
167 영원히 변하지 않고, 괴로움이 아니라 즐거움이며, 항상 깨끗한 상태 그대로 있는 참나를 흔히 '상락아정(常樂我淨)'으로 표현한다.
168 멈춤[止지]은 '사마타' 또는 '선정(禪定)'이라 하기도 한다. 멈춤을 많이 닦으면, 번뇌가 일어나지 않게 되고, 마음이 안정되고, 신통이 터진다. 관찰을 많이 닦으면, 무아(無我)의 진리를 깨달을 수 있는 반야지혜가 완성된다. "무아"라는 단어를 싫어했고, 진아(眞我), 참나, 자성자리 등을 찾는 후기 대승불교주의자들에게는 관찰법이 필요 없었다.

관자재보살행심반야바라밀다(행)시 조견오온개공 도일체고액
觀自在菩薩行深般若波羅蜜多(行)時 照見五蘊皆空 度一切苦厄
(관찰에 통달한 관자재보살이 깊은 지혜를 완성하는 수행에 전
념하고 있을 때 존재의 다섯 요소를 관찰하여, 그것들은 다 실체
가 없는 것들[쏜공]임을 꿰뚫어보고, 모든 괴로움에서 벗어나게
되었다.)

이런 뜻을 한국불교에서는 어떻게 번역해 놓았는지 한 번 보자.

> 조계종 표준 : "관자재보살이 깊은 반야바라밀다를 행할 때, 오
> 온이 공한 것을 비추어 보고 온갖 고통에서 건지느
> 니라."
> 청담 스님 : "관자재보살이 마지막 반야에 들어섰을 때 물질과
> 생각이 없음을 살펴보고 모든 고난에서 벗어났느니
> 라."[169]
> 광덕 스님 : "관자재보살이 깊은 반야바라밀다를 행하여 오온
> 모두가 다 공하였음을 비춰 보고 일체 고액을 건넜
> 느니라."[170]
> 오고산 스님 : "관자재보살이 깊은 반야바라밀다 행할 때 오온
> 공함 비춰 봐 일체고액 건네니라."[171]
> 무비 스님 : "관자재보살이 깊은 반야바라밀다를 행할 때 오온

---

169 〈해설 반야심경〉이청담 설법. 보성문화사 1994년 재판 발행. 169쪽 인용
170 〈반야심경 강의〉 광덕 지음. 불광출판부 1987년 초판 발행, 1998년 재
판 발행. 47쪽 인용
171 〈반야심경 강의〉 오고산. 보련각. 1979년 초판 발행, 1999년 7판 발행. 8
쪽 인용

이 모두 공함을 비춰 보고 일체 고액을 건넜다."[172]

이중표 교수 : "거룩한 관자재보살님은 깊은 반야바라밀다행을 실천하시면서 오온(五蘊)을 관찰하여, 그것의 자기존재성 [自性, svabhāva]이 공(空, śūnya)임을 보았다오. (그리하여 일체의 괴로움과 재앙을 벗어났다오.)"[173]

도올 김용옥 : "관자재보살께서 심원한 반야의 완성을 실천하실 때에 오온이 다 공이라는 것을 비추어 깨달으시고, 일체의 고액을 뛰어넘으셨다."[174]

위의 여러 번역을 보면, "행심반야바라밀다(행)시"를 대체로 "깊은 반야바라밀다를 **행할 때**"라고 번역해 놓았다. 이러한 의미의 번역에서는 "반야바라밀다"를 뜻이 원만하게 전달되도록 번역하지 못 했고, '반야바라밀다를 행한다'는 말이 어떻게 하는 것인지 알 수가 없기 때문에 제대로 된 번역이라고 할 수 없다. "**행**심반야바라밀다(행)시 行深般若波羅蜜多(行)時"는 앞에서 설명했듯이 '**깊은 지혜를 완성하는 수행에 전념하고 있을 때**'라는 뜻이다. 청담 스님은 이것을 "마지막 반야에 들어섰을 때"라고 번역했고, 김용옥 선생은 "심원한 반야의 완성을 실천하실 때에"라고 번역했다. 김용옥 선생은 "반야바라밀다"를 '반야의 완성'으로 번역한 것까지는 좋았다. 하지만 **행**(行)을 '실천한다'는 뜻으로 번역해 놓은 것은 제대로 된 번역이라고 할 수 없다. 왜냐하면 "**행**심반야바라밀다시

172 〈예불문과 반야심경〉무비 스님 풀이. 불일출판사. 1993년 초판 발행, 1997년 5쇄 발행. 168쪽 인용

173 〈니까야로 읽는 반야심경〉이중표 역해. 불광출판사. 2017년 초판발행

174 〈스무살 반야심경에 미치다〉도올 김용옥 지음. 통나무. 2019년 초판 발행. 201쪽 인용

(**行**深般若波羅蜜多時)"에서의 **행(行)**은 "**수행(修行)한다**"는 뜻이기 때문이다. 따라서 이 **행(行)**을 '행한다'거나 '실천한다'는 뜻으로 번역해서는 안 된다. 하지만 위의 7개의 번역 중 6개가 이 **행(行)**을 '행한다'거나 '실천한다'는 뜻으로 번역해 놓았다.

조계종 표준〈한글 반야심경〉에서는 "조견오온개공(照見五蘊皆空)"을 "오온이 공한 것을 비추어 보고"라고 번역해 놓았다. 위의 6개의 번역 중 청담 스님의 번역만이 '空(공)'을 번역해 놓았고, 나머지 번역들은 다 空(공)을 번역하지 못 해서 그 뜻을 제대로 전달하지 못 하고 있다. 청담 스님의〈반야심경〉이 처음 출판된 것이 1978년이다. 그 당시에 공(空)을 '없다'는 뜻으로 번역한 것은 놀라운 일이다. 왜냐하면 40년이 지난 지금도 공(空)을 이와 같은 뜻으로 해석하는 사람을 찾아보기가 어렵기 때문이다. 하지만 이 부분의 청담 스님 번역도 다 잘 된 것은 아니다. 청담 스님은 오온(五蘊)을 "물질과 생각"으로 번역해 놓았는데, 그것보다는 '몸의 물질현상과 정신현상'으로 번역했더라면 좋았을 것이다. 오온의 色(색)은 '물질'이 아니라 '몸의 물질현상'이라는 뜻이고, 受(수), 想(상), 行(행), 識(식)은 '생각'이 아니라 '정신현상'으로 번역할 수 있기 때문이다. 청담 스님은 "조견오온개공(照見五蘊皆空)"을 "물질과 생각이 없음을 살펴봤다"는 뜻으로 번역해 놓았다. 그러나 "조견오온(자성)개공"은 '몸의 물질현상[색]과 정신현상[수상행식]은 다 실체가 없는 것들임을 꿰뚫어 봤다'는 뜻이다. 청담 스님 번역을 제외한 나머지 5개의 번역들은 다 조계종 표준〈한글 반야심경〉과 비슷한 번역으로서 무슨 말을 하고 있는지 알 수가 없는 말로 번역되어 있다.

관자재보살 행심반야바라밀다(행)시 조견오온(자성)개공 도일체고액

觀自在菩薩 行深般若波羅蜜多(行)時 照見五蘊(自性)皆空 度一切苦厄

(관찰에 통달한 관자재보살이 깊은 지혜를 완성하는 수행에 전념하고 있을 때 존재의 다섯 요소[오온]를 관찰하여, 그것들은 다 실체가 없는 것들[空공]임을 꿰뚫어보고, 모든 괴로움에서 벗어나게 되었다.

[이 때 사리불 존자가 부처님의 불가사의한 힘에 의해 합장 공경하고, 관자재보살에게 물었다. "만약 선남자가 깊은 지혜를 완성하는 수행을 하려고 하면, 어떤 방법으로 수행해야 합니까?" 이렇게 묻자, 관자재보살이 사리불 존자에게 말했다. "사리불 존자여! 만약 선남자 선여인이 깊은 지혜를 완성하는 수행을 하려고 하면, 존재의 다섯 요소를 관찰하여, 그것들은 다 실체가 없는 것들임을 꿰뚫어봐야 합니다."]

〈반야심경〉의 이 뒷부분의 내용의 번역에 대한 설명은 생략한다. 이 뒷부분의 내용의 번역에 대한 설명을 읽고자 하는 독자는 이 책의 모체인 **〈반야심경 정해〉**를 읽기 바란다. 이 책은 필자가 제대로 번역한 〈반야심경〉을 소개하는 데 목적이 있다. 〈반야심경〉의 상세한 해설을 원하는 독자나 어떻게 해서 이런 번역이 나왔는지를 알고자 하는 독자는 필자의 책 〈반야심경 정해〉를 읽기 바란다.

〈반야심경 정해〉는 누구나 알아들을 수 있는 말로 〈반야심경〉을 번역하면서 각 부분에 대한 번역 이야기를 다루고 있다. 거기서 어떻게 해서 이와 같은 번역이 나왔는지를 상세하게 설명하고 있고, 그동안 〈반야심경〉이 왜 제대로 번역되지 못 했는지 그 원인을 밝혀 놓았다. 뿐만 아니라 이 책은 〈반야심경〉의 각 구절의 참된 의미가 무엇인지 말해주고 있고, 불교 전반에 대한 잘못된 상식을 바로 잡아주고 있다. 또 주로 대승불교와 중국 선불교를 접해온 한국불자들은 대부분 석가부처님 불교에 대해 잘 모르고 있는데, 이 책은 석가부처님 불교가 어떤 것인지 말해주고 있다. 여러분에게 일독을 권한다. 독자의 편의를 위해 이 책의 부록에 〈반야심경 정해〉의 목차를 실었다.

제6장
반야지혜란 어떤 것이고, 어떻게 닦는가?

그럼 '**반야**'란 어떤 것인가? 반야는 산스크리트어 '**쁘라야(pra-jñā)**'[175]의 음(音)을 한자로 표기한 것으로, '**지혜**'[176]라는 뜻이다. 이것을 '지혜'로 번역하지 않고 산스크리트어의 음을 그대로 사용한 까닭은 이 단어가 갖고 있는 특별한 **의미**가 번역됨으로 인해 손실된다고 보았기 때문이다.

---

175 반야(般若), 즉 쁘라야(Prajñā)는 '쁘라즈냐(Prajñā)'로 발음되기도 한다. 산스크리트어 Prajñā(쁘라즈냐, 쁘라야)는 '般若(쁘라쟈, 쁘라야, 반야)', '班若(쁘라쟈, 쁘라야, 반야)', '鉢若(빨야)', '波若(빠야)', '般羅若(쁘라야)', '鉢剌若(빨자야)', '八羅娘(빠라야)', '鉢囉攘(빠라야)', '鉢羅枳孃(쁘라지야)' 등으로 음역(音譯)되어 있다. 현장의 〈당범번대자음반야바라밀다심경(唐梵翻對字音般若波羅蜜多心經)〉에는 Prajñā(쁘라야, 쁘라즈냐)가 "鉢囉(二合)(般)[言*我]攘(若)"로 음역되어 있다. 빨리어는 '빤냐(Paññā)'이다.

176 반야, 쁘라야(Prajñā)는 '智慧(지혜)' 외에도 '智(지)', '慧(혜)', '明(명)', '了解(요해)', '妙慧(묘혜)', '勝慧(승혜)', '覺慧(각혜)' 등으로 한역되어 있다. 이것은 '밝음', '대단히 밝음', '완전한 이해', '빼어난 이해', '깨달은 지혜' 등의 뜻이다. 여기서 了(료)는 깨달을료. 명확히 앎, 이해함. 妙(묘)와 勝(승)은 둘 다 '빼어나다'는 뜻이다.

---

1. 불교에서 말하는 지혜는 어떤 것인가?

지혜는 불교의 수많은 개념 중 가장 중요한 개념이다. 불교에서는 "지혜로 해탈한다"고 하며, 지혜를 가장 중요시한다. 지혜가 없으면 깨달을 수가 없기 때문이다. 그럼 불교에서 말하는 지혜는 어떤 것인가? 평생 불교를 많이 공부했다고 하는 분들께 "부처님이 말하는 지혜는 어떤 것입니까?"라고 물어 보았다. 그리고 또 '님은 평생 수행한 결과, 실제로 지혜가 얼마나 밝아졌고, 불교수행을 하지 않은 사람과 어떤 차이가 있는지' 물어 보았다. 아무도 알아들을 수 있는 말로 설득력 있게 답을 해주지 못 했다. 지혜는 **"불교의 생명"**과 같은 것이다. 만약 불교에 "지혜"라는 것이 없거나 지혜를 계발하지 않는다면, 그것은 다른 종교와 크게 다르지 않아서 불교 특유의 존재가치를 상실하게 된다. 불교에서는 지혜를 밝혀서 괴로움에서 벗어나기 위해 수행한다. 그런데 종래 대승불교 내지 한국불교에는 지혜의 개념이 모호할 뿐더러, 지혜가 밝아진 사람이 없는 것 같다. 대승불교 내지 한국불교를 사랑하는 사람이라면, 이 말에 저항감이 생길 것이다. 하지만 조금만 참고 읽어 보면 30분 뒤 이 주제에 대한 글을 다 읽고 난 뒤에는 이 말에 수긍이 갈 것이다.

2. 한국불교에 반야지혜의 개념이 있는가?

지관겸수(止觀兼修), 정혜쌍수(定慧雙修)
멈춤[止지]과 관찰[觀관]을 함께 닦고,
선정[定정]과 지혜[慧혜]를 함께 닦아라

우리는 학창시절 국사시간에 "정혜쌍수(定慧雙修)"라는 말을 많이 들었다. 이것은 부처님의 선(禪)수행 방법을 일컫는 말이다. 정혜쌍수는 "지관겸수(止觀兼修)"와 같은 뜻이다. 지관겸수는 '**멈춤**과 **관찰**을 함께 닦는다'는 뜻이다.

1) 부처님께서는 〈잡아함경〉에서 "비구가 선(禪)을 닦으려고 하면, 두 가지 방법으로 닦아야 한다. 그것은 멈춤[止지]과 관찰[觀관]이다"[177]고 말했다. 또 바로 그 뒤에서 "고귀한 제자는 멈춤과 관찰을 함께 닦아서 온갖 해탈 경계를 얻는다"[178]고 했다.

2) 부처님께서는 〈잡아함경〉에서 "닦아 익히되, 많이 닦아 익혀야 하는 두 가지 방법이 있다. 그것은 멈춤[止지]과 관찰[觀관][179]이다. 이 두 가지 방법을 닦아 익히되 많이 닦아 익히면, 온갖 경계(界)와 도과(果)[180]를 알게 되고, 경계에 분명하게 깨어 있어서 허공 경계, 의식경계, 무소유경계, 비상비비상처경계(非想非非想入處) 등

---

177 〈신수대장경〉제2권 118쪽 중단〈잡아함경〉464경에 "思惟者(사유자) 當以二法專精思惟(당이법전정사유) 所謂止·觀(소위지관)"

178 〈신수대장경〉제2권 118쪽 중단〈잡아함경〉464경에 "聖弟子(성제자) 止·觀俱修(지관구수)。得諸解脫界(득제해탈계)"

179 멈춤[止지]과 관찰[觀관]은 사마타와 위빠사나다. 이것은 '선정과 지혜'로 옮겨지기도 한다.

180 여기서 도과(道果)는 수다원과, 사다함과, 아나함과, 아라한과 등을 일컫는 말이다.

온갖 경계를 다 알게 되고, 온갖 경계를 다 깨닫게 된다"[181]고 말했다.

3) 〈장아함경〉에서는 "여래는 멈춤과 관찰을 함께 갖추어서 최고로 바른 깨달음을 성취했다"[182]고 했다.

4) 또 〈법구경〉에서는 "선정(禪定)이 없는 자에게는 지혜가 없고, 지혜가 없는 자에게는 선정이 없다. 도는 '선정과 지혜'라는 이 두 길을 따라가서 열반에 이르게 한다"[183]고 말했다.

5) 시호(施護)가 한역한 〈요의반야바라밀다경〉에는 "만약 모든 대보살이 지혜를 완성하는 삼매에 편안히 머물고자 한다면, 마음이 네 가지 알아차려야 할 대상에 머물러서 거기서 일어나고 있는 현상을 잘 알아차릴 수 있어야 하고[사념처], ... 부정관(不淨觀) 수행을 잘 할 수 있어야 하며, ... **사마타**와 **위빠사나** 수행을 잘 할 수 있어야 한다"[184]는 내용이 나온다. 이것을 보면 지혜를 완성하는

---

181 〈잡아함경〉제964.〈출가경〉"佛告婆蹉(불고바차)。有二法(유이법)。修習多修習(수습다수습)。所謂止·觀(소위지관)。此二法修習多修習(차이법수습다수습)。得知界·果(득지계과)。覺了於界(각료어계)。知種種界(지종종계)。覺種種界(각종종계)。..... 是故(시고)。比丘(비구)。當修二法(당수이법)。修習多修習(수습다수습)。修二法故(수이법고)。知種種界(지종종계)。乃至漏盡(내지누진)"

182 〈신수대장경〉제1권〈장아함경〉010a27 "如來(여래) ..... 止觀具足(지관구족) 成最正覺(성최정각)"

183 〈법구경〉제372송, 한역경에는 "無禪不智(무선부지) 無智不禪(무지불선) 道從禪智(도종선지) 得至泥洹(득지니원)"으로 번역되어 있다. 泥洹(니원, 니훤)은 '니르바나', 즉 '열반'이라는 뜻이다. 빨리어본 〈법구경〉에는 이것이 "지혜가 없는 자에게는 선정이 없고, 선정이 없는 자에게는 지혜가 없다. 선정과 지혜, 이 둘을 함께 갖춘 자에게는 열반이 가까이 있다"는 뜻으로 되어 있다.

184 〈대정신수대장경〉제8권. 경전 No. 247.〈불설요의반야바라밀다경佛說了義般若波羅蜜多經〉845a29 "若諸菩薩摩訶薩(약제보살마하살)。樂欲安住般若波羅蜜多**相應**者(약욕안주반야바라밀다상응자)。應當圓滿**四念處**(응당원만**사념처**)......845b15 不淨想(부정상)。淸淨想(청정상)。**奢摩他(사마타) 毘鉢舍那想(비발사나상)**" 이 한역문에서 **相應**(상응)은 '삼매'라는 뜻이다. 圓滿(원

146

수행방법을 말해주고 있는 〈반야심경〉은 사마타와 위빠사나 수행과 깊은 관계가 있는 것임을 알 수 있다.

이와 같이 석가부처님의 선(禪)수행 방법은 **선정**[定정]과 **지혜**[慧혜], **멈춤**[止지]과 **관찰**[觀관], **사마타**와 **위빠사나**[185]를 함께 닦는 것이다. 여기서 멈춤[止지]은 마음을 한 대상에 고정[定정]시켜서 다른 데로 달아나지 못 하게 하는 사마타 선(禪)법이고, 관찰[觀관]은 지혜를 계발, 완성하는 방법으로서 위빠사나수행을 의미한다. 위빠사나는 인연에 의해 일어났다가 사라지는 내 안의 물질현상과 정신현상을 관찰하여, 그 성질을 제대로 이해하려고 노력하는 것이다. 그런데 기존 한국불교에서는 부처님의 선수행법인 관찰법을 없애려고 하는 일부 대승불교와 중국 선불교의 영향으로 관찰수행법이 빠진 반쪽짜리 선(禪)을 닦고 있기 때문에 "정혜쌍수"라는 용어를 사용하면서도 그 개념을 제대로 잡지 못 하고 있는 것이다. 한국불교에는 멈춤(선정)과 관찰(지혜) 중에서 멈춤(선정)만 있고, 관찰(지혜)이 없는 까닭에 반야지혜의 개념이 없다고 말할 수 있다.

기존 한국불교에서의 정혜(定慧)의 개념

해인사 고려대장경을 완역한 〈한글대장경〉을 출판한 동국역경원의 초대 원장이자 한국 최고의 강백으로서 최초의 우리말 불교사

만)은 잘 성취한다는 뜻이고, 사념처(四念處)는 사념주(四念住)와 같은 뜻으로, 마음이 머물러서 관찰해야 할 네 가지 대상, 즉 몸, 느낌, 마음의 상태, 마음에서 일어나는 현상들에 머물러서 거기서 일어나는 것들을 알아차림 하는 것이다. 위의 한역문에서 "毘缽舍那想(비파사나)"는 위빠사나의 산스크리트어 발음이다.

185 선정과 지혜, 멈춤과 관찰, 사마타와 위빠사나, 이 셋은 같은 개념을 다르게 표현한 것이다.

전[186]을 펴낸 운허 스님(1892~1980)은 그의 사전에서 定(정)과 慧(혜)를 다음과 같이 설명해 놓았다.

"定(정)은 마음을 한 곳에 머물게 하는 것이고, 慧(혜)는 현상(現象)인 事(사)와 본체(本體)인 理(리)를 관조(觀照)하는 것이다."

위의 설명에서 "定(정)"에 대한 설명은 이해할 수 있지만, "慧(혜)"는 이해할 수 없는 말로 설명되어 있는 것을 볼 수 있다. 강백 중 최고의 강백인 운허 스님께서 무식해서 이런 식으로 慧(혜)를 설명해 놓은 것이 아니다. 慧(혜)가 이렇게 어렵게 설명되어 있는 까닭은 중국 선(禪)불교에는 定(정)의 개념만 있을 뿐, 慧(혜)는 그 개념이 없기 때문이다. 중국 선불교에 慧(혜)의 개념이 왜곡되어 있거나 없어진 것은 다음과 같은 혜능(AD638~713)의 법문에 의해서라고 볼 수 있다.

육조혜능-선정과 지혜는 같은 것이다[定慧一體정혜일체]
"선지식들이여, 나의 이 법문은 선정[定정]과 지혜[慧혜]로 근본으로 삼는다. 그러니 대중들은 어리석게도 선정과 지혜가 다른 것이라고 말하지 말라. 선정과 지혜는 하나이지 둘이 아니다. 선정은 지혜의 본체이고, 지혜는 선정의 작용이다. 지혜로울 때는 선정이 지혜에 있고, 선정에 들었을 때는 지혜가 선정에 있느니라. 만약 이런 뜻을 알면, 그것이 곧 선정과 지혜를 함께 공부

---

186 1961년에 동국역경원을 발행처로 하여, 1987년판을 보면 16판 발행으로 되어 있다. 현재에도 판을 거듭하며, 계속 발행되고 있다.

하는[187] 것이니라. 도를 배우는 사람들은 '먼저 선정을 닦은 뒤에 지혜를 계발한다'는 말과 '먼저 지혜를 얻은 뒤에 선정을 계발한다'는 이 두 말이 다른 것이라고 말하지 말라. 그런 잘못된 소견을 내는 자는 법에 두 가지 모양[相狀]을 지니게 되는 것이니라. 입으로는 옳은 말을 하지만, 마음속은 옳지 못 하기 때문에 공연히 선정과 지혜의 개념을 다르게 가져서 그 둘이 같지 않는 것이니라. 만약 마음과 입이 함께 옳아서 <u>안팎이 하나면, 선정과 지혜는 같은 것이니라.</u> 스스로 깨달아서 수행하는 것은 논쟁하는 데 있지 않으니, 만약 [선정과 지혜의] 선후(先後)를 따지는 사람이 있다면, 그는 어리석은 자니라. 그래서 그는 이기고자 하는 승부심을 끊지 못 하고, 오히려 "나"라는 존재만 더욱 키워나가기 때문에 끝내 사상(四相)[188]에서 벗어나지 못 하리다."[189]

---

187 여기서 '공부한다'는 것은 원문의 '배울 學(학)' 자를 우리말로 옮긴 것이다. 이것은 '닦는다'는 뜻이다. 원문에서 '닦을 修(수)' 자를 쓰지 않은 데에서 지혜는 말할 필요도 없고, 선정조차 닦는 것을 강조하지 않으려는 의도가 숨어 있는 것을 엿볼 수 있다. 중국 선불교에서는 혜능이 그러했던 것처럼 닦을 필요조차 없다고 주장한다. 견성한 이의 한 마디를 듣고, 그 자리에서 바로 자성자리를 깨달으면, 그만이라는 가르침이다. 대단히 잘못되고, 위험한 가르침이라고 말할 수 있다.

188 육조 혜능이 담장 너머로 들려오는 독송 소리를 듣고, 깨달았다고 하는 〈금강경〉에 나오는 아상(我相), 인상(人相), 중생상(衆生相), 수자상(壽者相)이 그것이다.

189 이 번역의 원문은 다음과 같은 탄허(呑虛) 스님 현토본(懸吐本)을 썼다. "定慧一體. 師示衆云 善知識 我此法門以定慧爲本 大衆勿迷言定慧別. 定慧一體不是二. 定是慧體 慧是定用 卽慧之時 定在慧. 若識此義卽是定慧等學. 諸學道人莫言先定發慧 先慧發定各別. 作此見者法有二相 口說善語 心中不善 空有定慧 定慧不等 若心口俱善 內外一種 定慧卽等. 自悟修行不在於諍 若諍先後卽同迷人 不斷勝負 却增我法不離四相." 이 원문은 탄허 선사 역해 〈육조단경〉 도서출판 교림, 1986, 제86쪽의 것을 옮겼다. 원문의 문장이 판본마다 조금씩 다른데, 탄허 스님이 사용한

'중국 선불교의 실질적인 원조'라고 할 수 있는 혜능대사는 이 법문을 통해 '선정[定정]과 지혜[慧혜]는 같은 것'이라고 가르치고 있다. 이에 따라 중국 선불교는 지혜는 닦지 않고, 선정만 닦는다. 중국 선불교에는 오온을 관찰해가는 관찰수행은 없고, '화두'라고 하는 한 대상에 마음을 고정시켜서 사마타수행만 하고 있거나 사마타수행조차 하지 않는 것이다. 조사선을 하는 사람들은 화두를 들거나 좌선을 하지 않는다. 또 혜능대사가 다음과 같이 말해 놓은 것을 볼 수 있다.

"보리 반야지혜는 세상 사람들이 다 본래 그것을 갖고 있지만, 단지 마음의 어두움으로 인해 그것을 깨닫지 못 할 따름이다. 그러므로 반드시 대선지식의 지도를 받아서 자기 자성자리를 볼지니라."......"반야는 중국말로 '지혜'다. 이것은 모든 곳, 모든 때에 늘 어리석지 않아서 언제나 지혜를 행하면, 그것이 곧 반야행이다. 한 순간 어리석으면 반야가 끊어지고, 한 순간 지혜로우면 반야가 생겨나는데, 세상 사람들은 어리석어서 반야를 보지 못 하도다. 입으로는 반야를 말하지만, 마음속은 언제나 어리석어서 말로만 자신이 반야를 닦는다고 하면서 늘 공(空)을 말하고 있지만, 진짜 공은 알지 못 하도다."[190]

혜능은 위의 글을 통해 "보리 반야지혜는 세상 사람들이 다 본래 그것을 갖고 있지만, 단지 마음이 어두움으로 인해 그것을 깨닫지

판본의 문장이 가장 분명하게 잘 표현되어 있다.
190 한길로 번역 〈육조단경〉 홍법원 1976년, 원문 15쪽 "般若者 唐言 智慧也. 一切處所 一切時中 念念不愚 常行智慧 卽是般若行 一念愚卽般若絶 一念智卽般若生. 世人愚迷 不見般若 口說般若 心中常愚 常自言我修般若 念念說空 不識眞空."

못 할 따름"이라고 하면서 반야지혜의 성격을 왜곡하고 있는 것을 볼 수 있다. 세상 사람들이 본래 다 반야지혜를 갖고 있다는 말이 과연 맞는 말일까? 세상 사람들이 다 반야지혜를 갖고 있는데, 세상 사람들은 왜 이렇게 어리석게 살아가고 있을까? 이 질문에 알아들을 수 있는 말로 설득력 있게 답을 할 수 없다면, 세상 사람들이 다 본래 반야지혜를 갖고 있을 리 만무하다고 볼 수 있다. 혜능은 '자성자리를 보는 것이 지혜'라는 취지로 말하고 있지만, 반야지혜는 그런 것이 아니다. 석가부처님께서 말하는 반야지혜는 현재 자신의 몸과 마음에서 일어나고 있는 현상들을 관찰하여, 존재의 다섯 요소[오온]는 다 실체가 없는 것들임을 꿰뚫어보는 것이다. 이와 같이 〈육조단경〉에서 혜능은 불교수행자가 반드시 닦아야 하는 계(戒), 정(定), 혜(慧) 중에서 혜(慧), 즉 지혜의 개념을 왜곡해서 없애버렸을 뿐만 아니라, 좌선을 통한 사마타조차 닦지 않고, 오로지 **견성(見性)**만 강조했다.

운허 스님은 중국 선불교에는 이와 같이 慧(혜)의 개념이 없는데, 그것을 억지로 설명하려고 하니, 이런 식으로 설명할 수밖에 없었다. 운허 스님의 〈불교사전〉에는 '지혜'라는 단어는 수록조차 되어 있지 않다. 운허 스님과 더불어 한국 최고의 강백으로 추앙받았던 관응(觀應) 스님이 감수한 〈불교학대사전〉에는 지혜가 다음과 같이 정의되어 있다.

"지혜 : 범어 jñāna. 육바라밀의 하나. 일체제법(一切諸法)을 통달하여, 得失(득실)과 사정(邪正)을 분별하는 마음의 작용."[191]

---

191 〈불교학대사전〉홍법원. 1990. 1494쪽

이 사전에는 지혜의 개념이 매우 추상적으로 설명되어 있는 것을 볼 수 있다. 한국의 모든 사전을 다 뒤져봐도 불교에서 말하는 지혜를 알아들을 수 있는 말로 설명해 놓은 사전은 찾아볼 수가 없다. 인터넷사전에는 '지혜'가 어떻게 정의되어 있는지 한 번 보자. 다음(daum)에는 지혜가 "미혹(迷惑)을 끊고 부처의 진정한 깨달음을 얻는 힘"으로 정의되어 있다. 또 네이버(naver)에는 "제법(諸法)에 환하여, 잃고 얻음과 옳고 그름을 가려내는 마음작용으로서 미혹을 소멸하고 보리(菩提)를 성취함"으로 설명되어 있다. 이러한 것들을 봐도 지금까지 한국불교에서 지혜가 얼마나 추상적으로 이해되어 왔는지 알 수 있다. 이러한 것을 보면 한국불교는 불교에서 가장 중요한 개념인 "지혜"가 뭔지 잘 모르고 있다고 볼 수 있다.

중국불교도 지혜에 대해 잘 모름

한국불교 뿐만 아니라 중국불교도 지혜에 대해 잘 모르는 것은 마찬가지다. 중국의 석학 남회근(1918-2012)[192] 선생이 지혜에 대하여 다음과 같이 설명해 놓은 것을 볼 수 있다.

> "'지혜'라는 단어는 불법의 심오한 뜻을 담고 있는 것이라서 말로 표현할 수 없다. 그래서 '지혜'로 번역하지 않고 '반야'라는 원음을 그대로 사용한다."[193]

과연 이 말이 맞는 말일까? 틀린 말이다. 중국불교에는 지혜를 닦

---

[192] 남회근(南懷瑾) 선생의 국적은 대만이다. 그는 1918년 중국 절강성 온주(溫州)에서 태어나, 어릴 때부터 서당식 교육을 받아서 유불선(儒佛仙)을 통달하고, 40여권의 저서를 남겼다.

[193] 〈원각경강의〉 남회근 지음. 송찬문 번역. 마하연. 2012년. 361쪽

는 관찰법이 없는 까닭에 지혜의 개념을 모르고 있을 뿐이다. 그래서 남회근 선생도 부처님이 말하는 지혜가 어떤 것인지 잘 몰랐고, 이런 식으로 설명할 수밖에 없었다. 지혜는 설명할 수 없는 것이 아니다. 지혜를 계발하는 부처님 수행법에 대해 '소승법'이라는 이름을 갖다 붙여, 폄훼해 온 중국불교가 지혜를 설명하지 못 하고 있을 따름이다. 한국불교와 중국불교에는 번뇌가 일어나지 못 하게 하는 사마타의 멈춤수행만 있고, 지혜를 계발하는 위빠사나 관찰수행법이 없는 까닭에 지혜는 말로만 있을 뿐, 실제로는 없다. 사마타수행은 염불, 다라니, 화두 등의 방법으로 번뇌가 일어나지 못 하게 하는 방법이다. 대승불교는 주로 이 사마타법에 의해 닦는다.

3. 관찰법은 부처님의 선(禪)수행방법이다

위빠사나 관찰법은 석가부처님의 선수행방법으로서 한국 전통불교에서 보고 있는 경론에 나와 있는 방법이다.
1) 예컨대, 대한불교조계종 승가대학의 필수 교과목 중 하나인 〈능엄경〉에 "사마타를 닦는 가운데 모든 부처님의 선(禪)수행방법인 위빠사나 방법을 써서 청정하게 닦고, 증득해 들어가서 점차 그 깊이를 더해간다"[194]는 내용이 나온다.
2) 〈법구경〉에도 "비구가 자비와 연민을 가지고 부처님 가르침을 떠받들어서 신비한 효과가 있는 멈춤[止지]과 관찰[觀관][195]을 깊이

---

194 〈능엄경〉 제8권 "奢摩他中(사마타중) 用諸如來毘婆舍那(용제여래비파사나) 淸淨修證(청정수증) 漸次深入(점차심입)" 위빠사나는 빨리어이고, 산스크리트어에선 '비파사나'로 발음한다.
195 여기서 멈춤[止지]은 사마타이고, 관찰[觀관]은 위빠사나다.

닦아 들어가서 번뇌를 다 없애 가면, 열반에 이르리라"[196]는 내용
이 나온다.

3) 또 〈대승기신론〉에도 다음과 같은 내용이 나온다.

"멈춤[止지]은 온갖 대상에 대한 생각[相상][197]을 멈추는 것으로
서 사마타수행을 의미하고, 관찰[觀관]은 [자신의 몸과 마음에
서] 인연에 의해 일어났다가 사라지는 현상들[198]을 밝게 보는
[明見명견] 것으로서 **위빠사나 관찰수행**을 의미한다."[199]

4) 또 불교의 진리를 깨닫고자 하는 사람이 닦아야 하는 삼학(三
學)이 있다. 계율을 지켜서 몸과 입과 마음을 깨끗이 지켜가는 계
학(戒學)과 마음을 한 대상에 고정시켜서 고요함을 닦아가는 정학

---

196 〈법구경〉 심재열 번역. 선문출판사. 1991년. 233쪽. 327송 "比丘爲慈愍
(비구위자민) 愛敬於佛敎(애경어불교) 深入妙止觀(심입묘지관) 滅穢行乃安
(멸예행내안)" 乃어조사 내

197 진제는 一切境界相(일체경계상), 즉 온갖 대상에 대해 일어나는 생각을
멈추는 것을 '멈춤'이라고 했고, 실차난타는 일체 희론경계, 즉 온갖 번뇌망상
을 다 쉬어 없애는 것을 '멈춤'이라고 했다. 즉 멈춤은 일체 번뇌망상을 멈추는
것이다.

198 "일어났다가 사라지는 현상들[生滅相생멸상]"은 '생멸(生滅)현상'을
두고 하는 말이다. 우리 몸과 마음에는 매순간 수많은 생멸현상이 일어나고
있다. 그 생멸현상에 마음의 초점을 맞추고, 그것을 집중적으로 관찰해가는
것이 위빠사나 수행이다.

199 진제 번역본 : "所言止者(소언지자). 謂止一切境界相(위지일체경계
상). 隨順奢摩他觀義故(수순사마타관의고). 所言觀者(소언관자). 謂分別因緣
生滅相(위분별인연생멸상). 隨順毘缽舍那觀義故(수순비빠사나관의고)."
실차난타 번역본 : "云何修止觀門(운하수지관문). 謂息滅一切戲論境界是止義
(위식멸일체희론경계시지의). 明見因果生滅之相是觀義(명견인과생멸지상
시관의)"

(定學), 그리고 올라오는 번뇌를 지켜보아서 뿌리 채 다 잘라버리고, 더 깊은 지혜를 계발하여, '무상(無常), 고(苦), 무아(無我)'의 진리를 꿰뚫어보는 혜학(慧學)이 그것이다. 정학(定學)은 멈춤수행을 통해 닦고, 혜학(慧學)은 관찰수행을 통해 닦는다.

이러한 여러 경론의 내용과 계정혜(戒定慧)의 교리를 볼 때 **부처님의 선(禪)수행방법은 멈춤과 관찰을 함께 닦는 것이다. 그런데 오늘날 중국불교와 한국불교에는 지혜를 계발하는 관찰법이 없기 때문에 지혜의 개념이 없는 것이다.**

한국불교에서는 신통(神通)이 터진 것을 보고 '혜(慧)가 열렸다'고 하는데, 신통과 지혜는 다른 것이다

사마타의 멈춤을 많이 닦으면 신통이 터지고, 위빠사나 관찰을 많이 하면, 지혜가 완성된다. 신통과 지혜는 부처님의 양대(兩大) 능력으로서 둘 다 중요하다. 한국불교에서는 신통이 터진 것을 보고 '도가 터졌다'고 하거나 '혜(慧)가 열렸다'고 하며, 신통을 지혜로 오인(誤認)해왔다. 하지만 신통과 지혜는 다른 것이다. 마음을 염불, 다라니, 독경, 기도, 화두 등에 집중해서 번뇌가 일어나지 않는 상태에 들어가서 거기서 오래 머물면 신통이 터진다. 그러면 마치 점쟁이처럼 과거 일을 알고, 미래 일을 알며, 다른 사람 마음을 꿰뚫어보기도 한다. 하지만 이런 능력은 신통일 뿐, 지혜는 아니다. 만약 이런 능력을 '지혜'라고 한다면 신점(神占)을 치는 무당도 지혜가 있다고 말해야 할 것이다.

불교의 지혜는 자신을 들어다볼 수 있는 눈이다

여기서 우리는 불교에서 말하는 지혜가 어떤 것인지 알아야 한다. 부처님께서 말하는 지혜는 '현명함'을 의미하는 것도 아니고, 일

머리가 잘 돌아가거나 전쟁에서 이길 수 있는 책략을 짤 수 있는 그런 일반적 의미의 지혜가 아니기 때문이다. 그럼 불교에서 말하는 지혜는 어떤 것인가? 불교에서 말하는 지혜는 선정에 들어서 자신의 몸과 마음에서 일어나고 있는 현상들[오온]을 많이 관찰한 결과, 나오는 지혜이다. 불교에서 말하는 지혜는 위빠사나 관찰수행을 통해 지금 이 순간 자신의 몸과 마음에서 일어나고 있는 현상을 밝게 보아서 알고 있는 것이다. 즉 불교의 지혜는 자신을 들여다볼 수 있는 내관(內觀)의 눈이다. 지혜의 반대말은 무명(無明), 무지(無知)[200], 어리석음[痴치], 자신에 대해 어두움[暗암], 치암(痴暗), 혼침(昏沈) 등이다.

4. 지혜를 智(지)와 慧(혜)로 나누어 설명함

지혜에 대해 좀 더 상세하게 말하여, 중국에서 선불교가 등장하기 이전의 논소(論疏)에는 지혜를 다음과 같이 智(지)와 慧(혜)로 나누어 설명해 놓았다.

  1) 智(지)는 산스크리트어 야나(jñā, 若那)를 번역한 것이고, 이것은 '밝음', '밝게 알아차리다', '밝게 보다', '지각(知覺)하다' 등의 뜻으로, 明(명), 明知(명지), 明見(명견), 分別(분별) 등으로 한역되어 있다.
  2) 慧(혜)는 산스크리트어 쁘라야(prajñā, 반야)[201]를 번역한 것

---

200 이것은 자신에 대한 무지(無知)이다.
201 산스크리트어 '쁘라야(prajñā, 반야)'에 해당하는 빨리어는 '빤냐

으로, '완전히 아는 것'을 의미한다. 쁘라야는 〈쁘라(pra, 완전히)+야나(jñā, 알다)〉의 구조로서 통달(洞達), 통찰(洞察)[202], 大明(대명)[203], 極智(극지) 등으로 한역되어 있다. 慧(혜), 즉 반야는 '최고로 밝은 智(지)'이다.

중국 동진(東晉)의 승려 혜원(慧遠, AD.334~416)이 지은 불교용어사전인 〈대승의장(大乘義章)〉에는 "관찰해서 통달한 것을 '慧(혜)'라고 한다"[204]고 정의해 놓았고, 같은 책 제9장에는 "照見(조견), 즉 밝게 관찰하는 것을 '智(지)'라고 하고, 解了(해료), 즉 관찰한 결과, 대상의 성질을 완전히 이해한 것을 '慧(혜)'라고 하는데, 통하면 뜻이 같다"고 했다. 길장(吉藏, AD549~623)의 〈법화의소(法華義疏)〉[205]에 "경론 가운데 慧門(혜문)으로는 空(공)을 비추고, 智門(지문)으로는 有(유)를 비춘다 함이 많다"고 했다. 이 말은 慧(혜)

(paññā)'이다.
202 통찰(洞察)에서의 통(洞)은 깊은 구멍, 굴 등의 뜻이다. 깊을 통, 꿰뚫을 통. 관통함, 통달함
203 〈대정신수대장경〉제8권 478b18 No. 225경을 보면, 지겸(支謙, 3세기 중엽)은 〈반야바라밀다경〉을 번역하면서 경의 이름을 〈대명도경(大明度經)〉으로 번역했다. 지겸은 "반야"를 '대단히 밝다'는 뜻인 '대명(大明)'으로 번역했고, "바라밀다"를 '건너다'는 뜻의 '度(도)'로 번역했다. 여기서 度(도)는 '완성'으로 번역해야 하는데, 잘못 번역한 것이다.
204 원문은 "觀達稱慧(관달칭혜)"이다. 觀達(관달)과 照見(조견)은 둘 다 산스크리트어 '비-아바-로까야띠(vy-ava-lokayati)'를 번역한 것이다. 이것은 觀(관), 觀察(관찰), 觀達(관달), 觀見(관견), 照見(조견) 등으로 한역돼 있다.
205 중국 삼론교학의 대성자인 길장(吉藏)이 지은 책〈法華義疎(법화의소)〉제12권 462c16, "經論之中多說(경론지중다설) 慧門鑒空(혜문감공, 혜문으로는 空(공)을 비추어본다)"*鑒 거울 감. 거울 같은 데 비춰 봄. 462c26, "智門具照空有(지문구조공유)" 이 한역문에서 具(구)와 空(공)은 없는 것이 더 좋을 것 같다. 그래서 번역하면서 빼버렸다.

157

는 空(공)·무아(無我)까지도 볼 수 있는 최고로 밝은 눈[慧眼혜안]이고, 智(지)는 자신의 몸과 마음에서 일어나고 있는 현상을 볼 수 있는 꽤 밝은 눈[心眼심안]이다. 통일신라의 고승 둔륜(遁倫)이 지은 〈유가론기(瑜伽論記)〉 제9권에는 "쁘라야(prajñā반야)는 '혜(慧)'로 번역되는데, 이것은 제6바라밀[206]인 반야[慧혜]바라밀임을 알아야 하고, 야나(jñā)는 '智(지)'로 번역되는데, 이것은 제10바라밀[207]인 智(지)바라밀임을 알아야 한다"고 했다.

산스크리트어 원어의 분석을 통해 본 智(지)와 慧(혜)의 개념 : 智(지)가 극도로 밝아지면 慧(혜)가 열린다

산스크리트어 원어의 분석과 그 한역을 통해 智(지)와 慧(혜)에 대해 좀 더 알아보자.

智(지)의 산스크리트어 원어 **야나(jñā)**는 '조사하다[檢검]', '~을 관찰해서 알다[察知찰지]', '지각하다[覺각]', '깨닫다[悟오, 證증]' 등의 뜻으로 '알아차린다'는 뜻의 '知(지)', '智(지)', '이해한다'는 뜻의 '解(해)', '깨닫는다'는 뜻의 '證(증)', '식별할 수 있다'는 뜻의 '能識(능식)', '밝게 안다'는 뜻의 '明知(명지)' 등으로 한역되어 있다.

慧(혜), 즉 '반야'의 산스크리트어 원어 **쁘라야(prajñā)**는 '알다',

---

206 제6바라밀은 보시(布施), 지계(持戒), 인욕(忍辱), 정진(精進), 선정(禪定), 반야(般若) 등 육바라밀 중 여섯 번째인 반야바라밀을 의미하는 말이다.
207 대승불교의 보살행은 처음에는 보시(布施), 지계(持戒), 인욕(忍辱), 정진(精進), 선정(禪定), 지혜(智慧) 등의 육바라밀로 되어 있지만, 그 이후 방편(方便), 원(願), 역(力), 지(智) 등의 네 가지 바라밀을 더 보태어서 십바라밀을 만들었다. 여기서 제10바라밀은 열 번째 바라밀인 智(지)바라밀을 의미하는 말이다.

'깨닫는다'는 뜻의 야나(jñā)에 '완전히'라는 뜻의 쁘라(pra)[208]가 붙어서 **완전히 안다**는 뜻이다. 쁘라야, 반야는 **極智(극지)**, '慧(혜)', '智慧(지혜)', '了解(요해)'[209], '妙慧(묘혜)', '勝慧(승혜)'[210], '覺慧(각혜)', '善達(선달)'[211], **洞達(통달)** 등으로 한역되어 있다. 이것은 '최고의 智(지)', '극도로 밝은 앎', '완전히 깨달은 지혜[覺慧각혜]', '잘 통달함[善達선달]', '완전히 이해함[洞達통달]' 등의 뜻이다. 여기서 智(지)와 慧(혜)는 명사가 아니라 동사다. 智(지)는 우리가 관찰수행을 할 때 몸의 움직임이나 감각 등 어렵지 않게 알아차려지는 대상을 알아차려가서 나중에는 智(지)가 점점 더 밝아져서 미세한 현상들까지 다 알아차리는 것이다. 慧(혜), 즉 반야는 그렇게 알아차림을 지속해가서 알아차리는 눈이 극도로 밝아지고, 밝아진 눈으로 알아차리는 대상의 성질을 더욱 깊이 관찰해서 그 특성을 완전히 이해하는 것이다. 慧(혜), 즉 반야는 대단히 빠르고, 밝은 혜성(彗星)과 같은 알아차림으로서 관찰대상의 성질을 완전히 통달하는 것이다. 끊어지지 않고 알아차림을 지속해가면, 智(지)가 계발되고, 智(지)가 극도로 밝아지면, 慧(혜)가 열린다. 그래서 반야[慧혜]에 해당하는 산스크리트어 쁘라야(prajñā)를 "극지(極智)"로 한역해 놓은 것을 볼 수 있다. 極智(극지)는 '극도로 밝은 智(지)'라는 뜻이다. 최고로 밝은 지혜인 부처님의 지혜가 반야다. 반야, 즉 慧(혜)가 열려야 부처가 될 수 있기

---

208 산스크리트어 pra(쁘라)는 '극도로 잘', '매우 잘'이라는 뜻으로 '勝(승)', '妙(묘)', '善(선)' 등으로 한역되어 있다.

209 了(료)는 '깨달을 료'다. 了解(요해)는 '깨달아서 완전히 안다'는 뜻이다.

210 妙(묘)와 勝(승)은 둘 다 '빼어나다(excellent)', '매우 좋다', '매우 잘(very well)'이라는 뜻이다.

211 善達(선달)은 '잘 통달했다', '잘 꿰뚫어봤다'는 뜻이다.

때문에 반야를 '부처님의 어머니'라고 말한다. 이런 의미로 시호는〈반야심경〉을 한역하면서 그 제목을 '〈**성불모**반야바라밀다경(**聖佛母**般若波羅密多經)〉'으로 번역하여,〈**거룩한 부처님의 어머니**인 지혜 완성의 경〉이라는 표현을 쓰고 있는 것을 볼 수 있다.

5. 경전에 나오는 반야의 특성 : 대단히 밝고, 빠름

반야에 대해 좀 더 알기 위하여 반야의 특성을 알아보자.〈해심밀경〉제1권 서품에 다음과 같은 내용이 나온다.

> 그들은 모두 다 부처님 제자로서 마음이 잘 해탈했고, 지혜가 잘 해탈했으며, 계행이 매우 청정했고, 법의 즐거움을 나아가 구하였으며, 많이 듣고, 들은 것을 잘 기억해서 들은 것이 쌓이고, 모였으며, 사유해야 할 것을 잘 사유하고, 말해야 할 것을 잘 말하고, 해야 할 것을 잘 하는 이들이었다. 그들은 민첩한 지혜[捷慧첩혜], 매우 빠른 지혜[速慧속혜], 예리한 지혜[利慧리혜], 벗어나는 지혜[出慧출혜], 매우 잘 선택하는 지혜[勝決擇慧승결택혜], 큰 지혜[大慧대혜], 넓은 지혜[廣慧광혜], 최고의 지혜[無等慧무등혜] 등 지혜의 보배들을 모두 다 성취했으며, 숙명통(宿命通), 천안통(天眼通), 누진통(漏盡通) 등 세 가지 신통[三明삼명][212]을 다 갖추었고,

---

212   한역문의 삼명(三明)은 숙명통(宿命通,), 천안통(天眼通), 누진통(漏盡通) 등 세 가지 신통(神通)을 말한다. 숙명통은 자신과 다른 사람의 과거 생을 아는 신통이다. 천안통은 장애를 받지 않고 세간의 멀고 가까운 온갖 고락(苦樂)의 모양과 온갖 형체와 색을 속속들이 다 볼 수 있는 신통이다. 누진통은 불교의 진리를 깨달아서 마음대로 번뇌를 다 끊을 수 있고, 생사윤회를 벗어날

최고의 현법락주(現法樂住)[213]를 얻었으며, 크고 청정한 복전(福田)이었다. 위의(威儀)[214]와 고요함이 원만했고, 큰 인욕과 부드러운 화목을 성취하여, [다른 사람 마음을] 상하게 하는 일이 없었으며, 이미 여래의 성스러운 가르침을 잘 떠받들어서 수행하는 대보살들이었다.[215]

위의 밑줄 친 부분에 반야의 특성이 드러나 있는 것을 볼 수 있다. 위에서 반야는 "慧(혜)"로 표현되어 있다. 慧(혜), 즉 반야는 대단히 빠르고, 예리해서 찰라 순간 내 안에서 일어나고 있는 미세한 현상들까지 다 알아차려서 취할 것은 취하고, 버릴 것은 버려서 괴로움에서 완전히 벗어날 수 있는 특성을 갖고 있다.

수 있는 지혜를 말한다.
213 현법락주(現法樂住)는 현재의 법을 맛보는 데서 오는 행복감을 느끼며, 삼매에 들어서 편안히 머물러 있는 것이다.
214 〈장아함경〉제2권. 〈유행경(遊行經)〉에 '위의(威儀)를 갖추는 것'에 대해 다음과 같이 설명해 놓았다. "그럼 '비구가 모든 위의를 다 갖추었다'는 말은 어떤 것을 두고 하는 말인가? 비구들이여, 걸을 때는 걷는 것을 알아차리고, 멈출 때는 멈추는 것을 알아차리며, 좌우를 돌아보거나 몸을 굽히고, 펴고, 고개를 숙이고 들 때, 또는 옷을 입거나 발우를 챙길 때, 먹고, 마시고, 약을 달일 때, 언제나 놓치지 않고 [알아차림]을 지속해가는 방법으로 번뇌를 제거하여, 걷고, 서고, 앉고, 누울 때, 또 깨어 있거나 잠에서 깰 때, 말을 하거나 침묵할 때, 언제나 마음을 [자신 안으로] 거두어들여서 어지럽지 않는 것을 두고 '비구가 모든 위의를 다 갖추었다'고 말한다."
215 〈신수대장경〉제16권. 〈해심밀경〉제1권. 서품 688b28, "一切調順皆是佛子 心善解脫慧善解脫 戒善淸淨趣求法樂 多聞聞持其聞積集 善思所思善說所說 善作所作捷慧速慧 利慧出慧勝決擇慧 大慧廣慧及無等慧 慧寶成就具足三明 逮得第一現法樂住大淨福田 威儀寂靜無不圓滿 大忍柔和成就無減 已善奉行如來聖教復有無量菩薩摩訶薩"

'智慧(지혜)'라는 한자 속에 지혜의 특성이 드러나 있다

이번에는 지혜의 의미를 한자의 구조를 통해 풀이해 보자. 지혜 '지(智)'자는 '알 지(知)'자 밑에 태양과 같은 밝음을 상징하는 '날 일(日, sun)'이 받치고 있어서 '밝게 안다'는 뜻을 담고 있다. 또 지혜 '혜(慧)'자는 '마음 심(心)' 위에 '혜성 혜(彗)'자가 놓여 있어서 '마음에 혜성[216]과 같은 대단히 밝고, 빠른 빛이 떴다'는 뜻을 담고 있다. 이와 같이 한자 '智(지)'와 '慧(혜)'는 둘 다 그 안에 '밝음'을 담고 있다. 앞에서 말했듯이 **'대단히 밝고, 빠름'**이 **반야지혜의 특성**이다. '智(지)'와 '慧(혜)', 이 두 한자를 누가 만들었는지 모르지만, 대단히 잘 만들었다는 생각에 감탄하지 않을 수 없다.

빨리어 빤냐(paññā)와 산스크리트어 쁘라야(prajñā)의 의미단위 분석을 통해 본 반야의 뜻

앞에서 반야는 산스크리트어 **쁘라야**(prajñā)와 빨리어 **빤냐**(paññā)의 음을 한자로 표기한 것이라고 했다. 빤냐(paññā)를 최소의 의미단위로 분석해보면, 'pa(빠)'는 '완전히'라는 뜻이고, 'ñā(냐)'[217]는 '안다'는 뜻이다. 즉 빤냐(paññā)는 관찰을 통해 '완전히 아는 것'이다. 이것은 '반야'에 해당하는 산스크리트어 쁘라야를 분석해도 마찬가지다. 쁘라야(prajñā)는 '완전히'라는 뜻의 '쁘라(pra)'와 '안다'는 뜻의 '야나(jñā)'가 결합된 것으로, '완전히 아는 것'이다. 이러한 빨리어와 산스크리트어의 원어분석이 말해주고 있듯이 자신의 몸과 마음에서 일어나고 있는 현상을 관찰

---

216 혜성(彗星)은 대빗자루 모양의 대단히 밝은 빛을 길게 뿜으면서 이 쪽 하늘 끝에서 저 쪽 하늘 끝으로 번개처럼 날아가는 별로서 밝고 빠름에 대한 비유다.
217 산스크리트어 jñā(즈냐)와 ñā(냐)는 같은 것이다.

하여, 그것들의 속성을 **"완전히 아는 것"**이 반야다. 과연 이러한 해석이 맞는지 불교의 여러 경론을 통해 확인해 보자.

6. 경론에는 지혜가 어떻게 설명되어 있나?

경론에 나오는 지혜 ; 지혜는 '밝게 아는 것'이다

1) 지혜는 '밝음'이고, '밝게 아는 것'이다. 이런 의미로 〈나선비구경〉[218]에서 나선비구는 **"밝음과 지혜는 같은 것"**[219]이라고 했다.

2) 초기불교 논서인 〈청정도론〉에는 지혜에 대해 다음과 같이 말하고 있다.

> "반야지혜의 특징은 **존재의 고유 성질을 꿰뚫어보는 것**이고, 반야지혜의 역할은 어둠을 밝히는 것이다. 반야지혜는 미혹(迷惑)하지 않음으로써 나타난다. 반야지혜의 가까운 원인은 삼매다. 삼매를 잘 닦은 사람은 있는 것을 있는 그대로 본다."[220]

위의 논에는 '반야지혜는 자기 존재의 본질을 꿰뚫어보는 것이고,

---

218 〈나선비구경〉은 〈밀란다왕문경〉의 한역본이다. 그러나 〈나선비구경〉은 현재의 빨리어본 〈밀란다왕문경〉과 완전히 일치하지는 않는다. 약 70%정도 일치한다. 〈밀란다왕문경〉이 유통되는 과정에서 발전적으로 변화된 것이 아닌가 한다. 한역본에는 2종이 있다. 이 2종의 한역본을 대조해보니, 그 두 개의 한역본도 내용상 차이가 많음을 확인할 수 있었다.

219 〈신수대장경〉제32권. 〈나선비구경〉698c07행, "明與智等耳(명여지등이)", "밝음[明명]과[與여] 지혜[智지]는 같은 것[等등]"이라는 뜻이다. 耳(이)는 어조사 이

220 〈청정도론〉초기불전연구원. 대림스님 번역. 제2권의 405쪽

그러기 위해서는 삼매를 닦아야 한다'고 말하고 있다. 여기서 말하는 '삼매'는 집중된 상태에서 자기 몸과 마음에서 일어나고 있는 현상을 관찰해가는 관찰삼매다. 또 '반야지혜는 미혹하지 않음으로써 나타난다'고 했다. 여기서 미혹(迷惑)은 의식이 자기 몸과 마음에 머물지 못 하고, 유혹(誘惑)에 빠져서 바깥 대상으로 달려나가서 길을 잃고 헤매고 있는 것이다.

3) 〈밀란다왕문경〉에 나오는 지혜 ; **밝게 비추어 보는 것**이다

밀린다왕이 나가세나존자에게 물었다. "존자이시여! 선정(禪定)의 특징은 무엇이고, 지혜[慧혜]의 특징은 무엇입니까?" "선정의 특징은 움켜잡는 것이고, 지혜의 특징은 끊어버리는 것입니다." "수행자는 선정에 의해 자신의 마음을 움켜잡고, 지혜에 의해 자신의 번뇌를 끊습니다."[221] ....(중간 생략)....... "또 지혜의 특징은 밝게 비추어 보는 것입니다." "어찌하여 지혜의 특징이 밝게 비추어 보는 것입니까?" "대왕이시여, 지혜가 생겨날 때 지혜는 무명(無明)의 어둠을 깨고, 밝게 아는[明知명지] 광채를 발하여 앎의 등불을 밝히고, 성스러운 진리를 드러냅니다." "그리하여 수행자는 무상(無常), 고(苦), 무아(無我)의 바른 지혜로 모든 존재[222]를 밝게 비추어 보는 데 온 힘을 쏟습니다." 왕이 말했다. "존자이시여, 비유를 들어 말씀해주시겠습니까?" "대왕이시여, 어떤 사람이 어두운 방에 등불을 들고 들어가면, 어둠을 깨고, 광채를 발하여 밝은 빛을 비추어서 방안에 있는 모든

---

221 〈한글대장경〉남전부 1권. 322쪽 내용을 필자가 읽기 쉽도록 재번역해서 옮겼다.
222 여기서 모든 존재는 오온, 즉 존재의 다섯 요소를 의미한다.

사물을 다 밝게 볼 수 있습니다. 이와 마찬가지로 수행자는 밝은 지혜로 모든 존재를 바로 비추어 봅니다."[223]

위의 경에서 지혜[慧]의 특징은 밝게 비추어 보는 것이라고 말했다. 지혜광명으로 모든 존재를 다 밝게 비추어 보는 것이다. 여기서 모든 존재는 오온, 십이처, 십팔계 등을 의미하는 말이다.[224] 즉 모든 존재를 다 밝게 비추어 본다는 것은 자기 몸과 마음에서 일어나고 있는 현상을 다 알아차리고 있다는 뜻이다. 지혜가 계발되기 전에는 보려고 해도 보이지 않던 것들이 관찰수행을 통해 智(지)가 계발되면, 많은 것들을 보여 오고, 반야지혜[慧]가 열리면, 자기 몸과 마음에서 일어나고 있는 현상을 빠짐없이 다 볼 수 있다. **자기 몸과 마음에서 일어나고 있는 현상을 '밝게 보는 것', '환히 다 알고 있는 것'이 반야지혜다.** 또 〈잡아함경〉 251경을 보아도 지혜 또는 밝음이 이러한 것임을 알 수 있다.

4) 〈잡아함경〉 251경에서 말하는 밝음 : **자신의 여섯 감각기관에 깨어 있는 것**

〈잡아함경 251. 구치라경 ③〉......마하 구치라 존자가 다시 사리불 존자에게 물었다. "'밝다'고 하는데, 어떤 것을 '밝다'고 합니까?" 사리불 존자가 말했다. "눈, 귀, 코, 혀, 몸, 의식 등 여섯 감각기관을 있는 그대로 다 알고, 보고, 밝고, 깨닫고, 깨어 있고, 환하고, 끊어지지 않고 알아차림이 지속되는 것을 '밝다'고 합

---

223 〈한글대장경〉남전부 1권. 327쪽의 내용을 재번역해서 옮겼다.
224 이것은 〈잡아함경〉제319. 〈일체경(一切經)〉과 〈잡아함경〉제321. 〈일체법경(一切法經)〉을 보면 알 수 있다.

니다."²²⁵

위의 경에 의하면 '밝다'는 것은 자신의 감각기관에서 일어나고 있는 현상을 밝게 알고 있는 것이다. 즉 '밝다'는 것은 자기 몸과 마음에서 일어나고 있는 현상을 알아차림을 통해 밝게 알고 있는 것이다.

5) 〈법구경〉에서 말하는 지혜 ; **자신 안에서 일어나고 있는 현상을 밝게 알고 있는 것**

〈법구경〉에는 "마음이 멈추어 쉬지 못 하고, 법을 몰라서 자신 안에서 일어나고 있는 일에 어두우면 바른 지혜가 없는 것"²²⁶이라고 말한다. 이것을 바꾸어 말하면, "마음이 고요하게 멈추어 쉬고, 법

---

225 〈잡아함경〉제251경. 060c10, "尊者摩訶拘絺羅(존자마하구치라)。於此 六觸入處(어차육촉입처)如實知(여실지)·見(견)·明(명)·覺(각)·悟(오)·慧 (혜)·無間等(무간등)是名爲明(시명위명)"

226 〈법구경〉서경수 번역. 홍법원. 제38송, "心無住息(심무주식)亦不知法 (역부지법)迷於世事(미어세사)無有正智(무유정지)." 여기서 법(法)은 생멸 법(生滅法)으로서 '마음에서 일어났다가 사라지는 현상들'을 의미한다. 世事 (세사)는 18계, 즉 자신 안에서 일어나고 있는 일들을 의미하는 것으로 봐야 한다. 왜냐하면 이 世(세)는 산스크리트어 'loka(로카)'를 번역한 것이고, 이 것은 12처 또는 18계라고 경전에서 분명하게 말해주고 있기 때문이다. 원문 의 '世事(세사)'를 '세상일'이라고 번역해서는 안 된다. 그 다음의 제39게송, "마음은 한 곳에 고요히 머물지 못 하고, 끊임없이 밖으로만 치달아가네. 지혜 가 있으면 악(惡)을 막을 수 있다. 악한 마음이 올라오는 것을 알아차리는 이가 현자라네(念無適止념부적지 不絶無邊부절무변 福能遏惡복능알악 覺者爲賢각 자위현)." 福能遏惡(복능알악)에서의 福(복)은 원래 '慧(혜)'로 번역해야 할 것을 "福(복)"으로 번역해 놓은 것이다. 遏(알)은 막는다는 뜻이다(막을 알). 또 覺者爲賢(각자위현)에서의 賢(현)도 '慧(혜)'로 번역해야 할 것을 "賢(현)" 으로 번역해 놓은 것이다. 우리는 여기에서도 중국불교에서 "반야지혜[慧]" 의 개념을 잘 모르도록 만들기 위해 의미조작을 해 놓은 것을 볼 수 있다.

을 알아서 자신 안에서 일어나고 있는 현상을 밝게 알면, 바른 지혜가 있는 것"이라고 말할 수 있다. 이것은 불교에서 말하는 지혜가 어떤 것인지 말해주는 구절이라고 할 수 있다.

6) 〈성실론〉에서 말하는 최고의 지혜 ; **오온을 바로 아는 것**

〈성실론〉[227]에는 "부처님은 〈모든 존재를 다 바로 알고 있는 까닭에 이것을 '최고의 지혜'라고 한다〉고 말하고 있다."[228] 이와 같이 지혜는 자기 몸에서 일어나고 있는 물질현상[色색]뿐만 아니라 마음에서 일어나고 있는 느낌[受수], 인식[想상], 업 지음[行행], 식별작용[識식] 등 미세한 현상들까지 다 알아차리는 마음작용이다. 자신의 몸과 마음에서 일어나고 있는 미세한 현상들을 알아차려 가서 결국 자기 내부에서 무상(無常), 고(苦), 무아(無我)의 진리를 보아서 밝게 아는 것이 최고의 지혜다.

7) 〈유교경〉에서 말하는 지혜 ; **어둠을 밝혀주는 등불**

부처님의 유언 법문인 〈유교경(遺敎經)〉에서 부처님은 지혜에 대해 다음과 같이 말했다.

智慧(지혜), 늘 자신을 관찰하여, 알아차림을 놓치지 않도록 하라

"비구들이여, 만약 지혜가 있으면 탐하는 마음과 집착이 있을 수 없다. 늘 자신을 살피고 관찰하여, [알아차림을] 놓치지 않도

---

227 〈성실론〉은 인도의 불교학자 하리발마(AD.250~350)의 저술. 16권. 구마라집이 411~412년에 번역했다. 산스크리트 원전은 전해지지 않고, 한역본만 전해진다. 〈성실론〉은 그 내용면에서 대승과 소승을 겸하고 있는 논으로서 경량부에 가까운 논이다.

228 〈성실론〉 제6권. 〈신수대장경〉 논집부. 〈성실론〉 281b08, "佛說(불설) 〈正知一切法故(정지일체법고) 名無上智慧(명무상지혜)〉." 여기서 '일체법'은 오온, 십이처, 십팔계 등을 의미한다.

록 하라. 이것이 나의 법 안에서 해탈을 구하는 길이다. 만약 그러지 못 하면 이미 출가자도 아니고, 재가자도 아니라서 '뭐'라고 이름을 붙일 수가 없다.[229]

실로 지혜라는 것은 늙음, 병듦, 죽음의 고해(苦海)를 건너게 해주는 튼튼한 배이고, '무명(無明)'이라는 칠흑과 같은 어둠을 밝혀주는 밝은 등불이며, 온갖 질병을 치료해주는 양약(良藥)이고, '번뇌'라고 하는 나무를 잘라내 버리는 날이 잘 선 도끼이니라. 그러므로 여러분은 부처님 법문을 들어서 아는 지혜[聞慧문혜], 사유해서 아는 지혜[思慧사혜], 닦아서 아는 지혜[修慧수혜]로 자신을 더욱 밝혀가야 한다.[230] 만약 어떤 사람이 지혜로 밝게 비추어보는 자라면, 그는 비록 천안통(天眼通)과 같은 신통은 없을지라도 밝게 보는 자니라. 이런 것이 지혜다."[231]

---

229 중국의 진수정원(晉水淨源, 1011~1088) 스님은 〈불유교경론소절요(佛遺敎經論疏節要)〉에서 이 부분에 대해 다음과 같이 말했다. "마음이 지혜롭지 못 하기 때문에 도인도 아니고, 머리를 삭발하고, 먹물 옷을 입은 모습을 취하고 있기 때문에 속인도 아니다. 양쪽 어디에도 속하지 못 하기 때문에 이름을 붙일 수가 없다. 굳이 이름을 붙인다면 '박쥐중'이라고 해야겠다."

230 부처님 법문을 들어서 아는 지혜[聞慧문혜], 사유해서 아는 지혜[思慧사혜], 닦아서 아는 지혜[修慧수혜], 깨달아서 아는 지혜[證慧증혜]는 순차적으로 이루어진다. 우선 법문을 많이 듣거나 경전을 많이 읽어서 부처님 가르침이 무엇인지 알아야 한다[聞慧문혜]. 경전 내용을 곰곰이 사유해서 동의해야 한다[思慧사혜]. 수행해가면서 자신의 눈으로 자신 내면에서 부처님께서 말해 놓은 것들을 보게 되면, 경전 내용을 좀 더 구체적으로 알게 된다[修慧수혜]. 자신의 눈으로 "무아(無我)"의 진리를 보아서 깨닫고 나면, 무아의 진리를 완전히 알게 된다[證慧증혜]. 그러면 "나"라는 인식[我想아상]이 더 이상 일어나지 않는다[解脫해탈].

231 〈유교경〉 "汝等比丘。若有智慧則無貪著。常自省察不令有失。是則於我法中能得解脫。若不爾者旣非道人。又非白衣。無所名也。實智慧者則是度老病死海堅牢牢 1) 우리 뢰. 짐승을 가두어 기르는 곳. 2) 옥 뢰. 감옥 3) 굳을 뢰. 견고함. 堅牢

이상 불교의 여러 경론을 통해 불교에서 말하는 지혜가 어떤 것인지 알아봤다. 불교의 지혜는 일반적 의미의 지혜가 아니라 반야지혜다. 반야지혜는 지금 이 순간 자신의 몸과 마음에서 일어나고 있는 현상을 알아차리고 있는 것이고, 그 현상은 무상(無常)한 것이고, 괴로운 것[苦고]이며, 실체가 없는 것[空공]이고, "나"라고 할 만한 것이 없는 것[無我무아]이라는 사실을 꿰뚫어 보는 것이다.

이번에는 달라이라마가 그의 〈반야심경〉 해설[232]에서 반야지혜를 어떻게 설명해 놓았는지 한 번 보자.

달라이라마의 반야에 대한 설명

"반야는 지혜를 의미합니다. 이것은 통찰지(洞察智)입니다. 무엇이 반야이고, 무엇을 통찰해야 그것이 통찰지일까요? 어떤 것이 지혜인지 우선 명확히 알아야 합니다. 지혜란 제법(諸法), 즉 삼라만상의 모든 것들의 존재방식을 제대로 아는 것을 의미합니다. 지혜의 반대말은 무명(無明)입니다. 무명은 삼라만상의 존재방식을 잘못 알고 있는 상태를 의미합니다. 반야, 즉 지혜·통찰지란 모든 것의 존재방식을 제대로 알고 있는 상태입니다. 그럼 삼라만상 모든 것들의 존재방식은 어떤 것일까요? 그것이

(견뢰) 단단함, 견고함

船也。亦是無明黑闇大明燈也。一切病苦之良藥也。伐煩惱樹者之利斧也。是故汝等。當以聞思修慧而自增益。若人有智慧之照。雖無天眼而是明見人也。是爲智慧"

232　여기에 인용한 달라이라마의 〈반야심경〉 책이 사라졌다. 아무리 찾아도 찾을 수가 없다. 이 책은 유명한 출판사가 출판한 책이 아니고, 달라이라마의 신도단체에서 우리말로 번역하여, 자기들끼리 나누어 보던 책으로 보였다. 하지만 표지 안쪽에 출판사의 이름과 발행일이 나와 있었다. 번역도 좀 서툰 것을 독자의 편의를 위해 필자가 그 내용을 해치지 않는 선에서 교정해서 이 책에 실었다.

바로 부처님께서 말씀하신 연기법입니다. 연기법(緣起法)이란 인(因)과 연(緣)이 상호 의존해서 모든 법을 만들어낸다는 것을 의미합니다. 연기법을 가장 쉽게 표현하면 상호의존성입니다. 상호의존성이란 독립적인 실체가 없다는 말입니다. 왜 삼라만상에 독립적인 실체가 없을까요? 바로 상호의존성 때문입니다. 이 의미를 정확하게 알고 있어야 합니다. 무명은 바로 이것을 모르는 것을 의미하기 때문입니다. '무명(無明)'은 존재하는 모든 것에는 독립적인 실체가 있다고 여기는 것을 말합니다.

왜 중생들은 무명에 빠져서 고통당할까요? 왜냐하면 보이는 것이 진짜처럼 보이기 때문입니다. 그냥 우리 눈으로 모든 것을 보게 되면, 언제나 진짜처럼 보입니다. 그래서 속는 것입니다. 속기 때문에 모든 것에 실체가 있는 줄 알고 집착하게 됩니다. 집착하게 됨으로써 온갖 고통이 생깁니다. 집착하는 것을 못 이루거나 이루었어도 결국 잃어버리게 되므로 온갖 고통이 발생합니다. 이런 것이 무명입니다. 이와 같이 중생의 무명은 삼라만상의 존재방식을 제대로 모르고 있는 것을 의미합니다.

반야는 이와 반대로 모든 것의 존재방식을 제대로, 똑바로, 사실 그대로 알고 있는 것입니다. 위에서 말했듯이 '모든 것의 존재방식'이란 바로 상호의존성, 즉 연기(緣起)입니다. 인(因)과 연(緣)이 서로 의존해서 모든 것이 발생하기 때문에 거기에는 독립적인 실체가 있을 수 없습니다. 그래서 존재이든 사물이든 모두 다 순간순간 변해갈 수밖에 없습니다. 모든 것이 무상하게 변해갈 수밖에 없는 이유가 바로 이 상호의존성 때문입니다. 변해가는 것은 당연합니다. 반야는 지혜, 통찰지이고, 지혜, 통찰지는 존재 및 사물의 존재방식을 제대로 알고 있는 것을 의미합니다."

대승불교를 주창하고 있는 달라이라마의 지혜에 대한 설명이다. 과연 부처님께서 말씀하신 지혜가 달라이라마가 설명한 것과 같은 것일까? 필자는 같은 것이 아니라고 본다. 왜냐하면 지혜는 삼라만상의 존재방식을 제대로 아는 것이 아니라 자신의 몸과 마음에서 일어나고 있는 현상을 밝게 알고 있는 것이기 때문이다. 달라이라마는 전 세계의 불교인들이 추앙하고 있는 분이지만 그가 반야를 이해하는 수준은 그렇게 높다고 말할 수 없다. 반야는 불교의 생명과 같은 것이다. 그럼 달라이라마는 왜 이러한 반야를 제대로 이해하지 못 하는가? 그 까닭은 대승불교 지역에는 석가부처님 특유의 수행법인 관찰법이 없기 때문이다. 티베트불교는 독특한 형태의 불교[233]로서 그들의 선(禪)수행에는 관찰법이 없다.

반야지혜는 선정에 들어서 자신의 몸과 마음에서 일어나고 있는 현상들을 많이 관찰했을 때 계발된다

반야지혜는 경전을 많이 읽거나 법문을 많이 듣는다고 해서 생기는 것이 아니다. 또 지능지수가 높다고 해서 반야지혜가 있는 것이 아니다. 반야지혜는 선정(禪定)에 들어서 자신의 몸과 마음에서 일어나고 있는 현상을 많이 관찰했을 때 계발된다. 자신의 몸과 마음에 의식을 집중해서 거기서 일어나고 있는 생멸현상을 끊어지지

---

233 티베트불교는 티베트에서 7세기부터 시작된 독특한 형태의 불교다. 이것을 '라마교'라고도 부르지만 이것은 정확한 명칭이 아니다. 티베트불교는 주로 중관학파와 유가행파 철학의 철저한 지적 훈련에 기반을 두고 있으면서 탄트라(주문)불교인 금강승(金剛乘)불교의 상징적 의례 행위를 받아들이고 있다. 티베트불교는 또한 초기 상좌부불교의 계율과 티베트 민속종교인 본교의 무속(巫俗)적 특색을 다 포용하고 있다. 본교는 불교가 티베트에 들어오기 전에 티베트인들이 믿었던 종교이다. 본교는 주술과 제사, 지하의 신들을 숭배하는 것을 중시한다.

않고 계속 관찰해 들어가서 그 성질을 알아갈 때 반야지혜가 계발되어 나온다.

7. 경전에 지혜가 완성되는 과정이 나와 있다

경전에 지혜가 완성되는 과정이 나와 있다. 〈장아함경〉 제1권에 다음과 같은 내용이 나온다.

"얼마 되지 않아서 보살[234]은 소원이 이루어져서 한적한 곳에서 오로지 수도에만 전념할 수 있게 되었다. 그는 또 이와 같이 생각했다.

'중생들은 참으로 가련하다. 늘 암울함 속에 있으면서 몸은 언제나 위태롭고, 취약하여, 태어남이 있고, 늙음이 있고, 병듦이 있고, 죽음이 있어서 온갖 괴로움이 모여드는 것이다. 여기서 죽어서 저기에 태어나고, 저기서 죽어서 여기에 태어난다. 이러한 괴로움의 덩어리로 인해 바퀴처럼 돌고 돌아, 떠돌아다니는 것이 끝이 없도다. 나는 언제쯤 이 괴로움의 원인을 밝게 깨달아서 태어남, 늙음, 죽음을 없앨 수 있을까?'

보살은 또 이와 같이 생각했다. '태어남과 죽음은 무엇으로부터 비롯되었고, 무엇을 원인으로 해서 존재하는 것일까?' 그는 곧 밝은 지혜로 그것들의 존재 원인을 관찰해갔다. '태어남[生생]이 있기 때문에 늙음과 죽음[老死노사]이 있다. 그러므로 태어남이 늙음과 죽음의 원인이다. 또 태어남은 존재[有유]로 인하여

---

234 여기서 보살은 깨달음을 이루기 전의 석가모니를 일컫는 말이다.

일어난다. 그러므로 존재가 태어남의 원인이다. 또 존재는 취함[取취]으로써 일어난다. ……(중간 생략)……. 보살이 괴로움의 발생과정을 깊이 사유해갔을 때 지(智)가 생기고, 눈[眼안]이 생기고, 깨어 있음[覺각]이 생기고, 밝음[明명]이 생기고, 통달함[通통]이 생기고, 혜(慧)가 생기고, 깨달음[證증]이 생겼다.

이 때 보살은 또 다시 깊이 사유해갔다. '무엇이 없어야 늙음과 죽음이 없고, 무엇이 없어져야 늙음과 죽음이 없어질까?' 보살은 곧 밝은 지혜로 그것들이 없어지는 과정을 관찰해갔다. ………(중간 생략)……. 보살이 이와 같이 괴로움의 덩어리[苦陰고음]가 없어지는 과정을 깊이 사유해갔을 때 지(智)가 생기고, 눈[眼안]이 생기고, 깨어 있음[覺각]이 생기고, 밝음[明명]이 생기고, 통달함[通통]이 생기고, 혜(慧)가 생기고, 깨달음[證증]이 생겼다. 이 때 보살이 이와 같이 역방향과 순방향으로 12연기를 관찰하고는 그것을 있는 그대로 다 알고, 있는 그대로 다 보고나서 그 자리에서 바로 최상의 완전한 깨달음을 성취했다."[235]

위의 밑줄 친 부분을 보면, 智(지)·알아차림 → 눈[眼안]·심안心眼 → 깨어 있음[覺각] → 밝음[明명] → 통달함[通통] → 혜(慧,반야) → 최상의 완전한 깨달음을 성취함[證증] 등 그것들이 계발되어 나오는 과정이 나와 있는 것을 볼 수 있다. 선정에 들어서 한 대상에 대해 깊이 사유·관찰해 갈 때 그 답을 보게 되고, 알게 된다. 이 때 관찰은 육안이 아니라 마음의 눈[心眼심안]으로 한다. 지혜가 없으면

---

235 〈장아함경〉제1권.〈유행경遊行經〉후반부 007b02 "是爲苦集 菩薩思惟 苦集陰時 生智·生眼·生覺·生明·生通·生慧·生證……菩薩思惟苦陰滅時 生智·生眼·生覺·生明·生通·生慧·生證 爾時 菩薩逆順觀十二因緣 如實知 如實見已 卽於座上成阿耨多羅三藐三菩提"

관찰이 잘 안 되고, 관찰을 많이 하면 더 밝은 지혜가 계발된다.

반야지혜가 계발되면 아무리 빠르고 미세한 현상도 다 볼 수 있다

지혜도 깊은 지혜가 있고, 얕은 지혜가 있다. 얕은 지혜로는 몸의 움직임이나 표피적인 굵직한 현상들만 볼 수 있지만 깊은 지혜에 들면 마치 슬로우 비디오를 보듯이 찰라 순간 일어나고 있는 몸과 마음의 미세한 현상들을 다 볼 수 있다. 마음이 어떤 대상을 봐야겠다는 의도를 일으키면, 그 의도의 일으킴을 볼 수 있고, 마음이 눈으로 가면, 눈으로 신경물질이 흐르는 것을 볼 수 있다. 또 마음이 눈을 통해 형상으로 가면, 그 가는 과정을 볼 수 있다. 또 눈이 형상에 가 닿으면, 닿는 순간을 볼 수 있고, 닿아서 마음에 눈의 식별작용이 생기면, 그것이 생기는 것을 볼 수 있다. 이와 같이 지혜가 밝아지면 찰나 순간 일어나는 미세한 현상들까지 다 볼 수 있다. 반야지혜는 말할 수 없이 밝고 빠르기 때문이다. 범부들의 마음이 촛불 정도의 밝기라면 반야지혜는 태양과 같은 밝기이다.

선정(禪定)에 들어서 관찰해 들어가서 자신의 몸과 마음에서 일어나고 있는 현상의 성질을 밝게 아는 것이 지혜이기 때문에 지혜를 '관찰'이라고도 한다. 관찰, 알아차림, 지혜는 같은 개념이다. 지혜는 분별력을 의미하는 말이기도 하다. 옥석(玉石)을 가리지 못하고, 성인(聖人)과 사기꾼을 구분하지 못 하는 것은 분별력이 없는 것이다. 한국불교에서는 "분별하지 말라"고 하는데, 그렇게 말해서는 안 된다. 왜냐하면 분별을 잘 하는 것이 지혜이기 때문이다. 범부들이 "나"라고 여기는 것을 부처님은 몸의 물질현상[色색], 느낌[受수], 인식[想상], 업 지음[行행], 식별작용[識식]으로 분별해 볼 수 있었던 것은 밝은 지혜가 있었기 때문이다. 잘 분별해 볼 수 있는 능력이 지혜다. 자신 안에서 일어나고 있는 현상을 놓치지 않고 분별해가는 것이 부처님의 선수행방법이다. 지혜가 어떤 것인지도 모르면서 "반야", "지혜"를 외쳐봐야 무슨 소용이 있겠는가? 지금까지 지혜가 어떤 것인지 알아봤다. 그럼 이번에는 지혜의 반대 개념인 어리석음이 어떤 것인지 알아보자.

탐진치의 "치(痴,어리석음)"는 어떤 것인가?

한국불교에서는 불교의 중요한 개념 중에 하나인 탐진치(貪瞋痴)를 말하면서 어떤 것이 탐(貪)이고, 어떤 것이 어리석음[痴치]인지 잘 모르고 막연히 '욕심', '어리석음'이라고만 말하고 넘어간다. 한국불교에서는 탐(貪)에 대해 법문하면서 '욕심 내지 말라'고 말한다. 그러나 석가부처님이 말하는 탐은 그런 것이 아니다. 우리는 탐진치에서 벗어나서 열반을 성취하기 위해 수행한다. 벗어나야 할 대상에 대해 잘 모르면, 벗어날 수가 없기 때문에 탐(貪)과 치(痴)에 대해 알아보자.

貪(탐)은 마음이 자신 안에 고요히 머물지 못 하고, 밖으로 달려 나가서 형상, 소리, 냄새, 맛, 촉감, 생각 번뇌 등을 끊임없이 쫓아가면서 취하는 것이다.

痴(치), 즉 어리석음은 형상[色색], 소리[聲성], 냄새[香향], 맛[味미], 촉감[觸촉], 몸과 마음에서 일어났다가 사라지는 현상[法법] 등을 취하는 행위와 그 행위의 결과에 대해 어두운 것이다. 어리석음을 뜻하는 치(痴)의 산스크리트어 원어는 moha(모하)이고, 이것은 '痴(치)', '무명(無明)', '무지(無知)' 등으로 한역되어 있다. 〈구사론〉 제4권에 "치(痴)는 우치(愚癡)함을 뜻하고, 이것은 무명(無明), 무지(無智)이다"[236]고 말하고 있다. 그럼 무명은 어떤 것인가? 이

---

236 〈신수대장경〉 제29권 〈아비달마구사론〉 제4권 019c04 "癡者(치자) 所

주제에 대해 말하고 있는〈잡아함경〉251경을 한 번 보자.

〈잡아함경〉제251. 무명경(無明經)

마하구치라 존자가 사리불 존자에게 물었다. "'무명(無明)'이라
고 하는데, 어떤 것이 무명입니까?" 사리불 존자가 답했다. "무
명은 무지(無知)한 것을 일컫는 말이니, 무지한 것이 무명입니
다." 어떤 것을 '무지하다'고 하는가? 눈[眼안]은 무상(無常)한
것인데 사실대로 알지 못 하는 것을 '무지하다'고 합니다. 눈은
일어났다가 사라지는 현상[法법]일뿐인데, 그렇게 알지 못 하는
것을 '무지하다'고 합니다. 또 귀, 코, 혀, 피부, 의식 등도 무상한
것들인데, 사실대로 알지 못 하는 것을 '무지하다'고 합니다. 마
하구치라 존자여, 이와 같이 여섯 감각기관[237]을 사실대로 알지
못 하고, 보지 못 하며, 밝지 못 하고, 깨닫지 못 하고, 깨어 있지
못 하며, 끊어지지 않고 알아차림이 지속되지 못 하는 것, 어리
석음, 어두움, 밝지 못 함, 깜깜함 등을 '무명'이라고 합니다.[238]

무명은 무지한 것이다. 이것은 자신의 감각기관에서 일어나고 있
는 현상을 모르고 있는 것이다. 무명(無明)은 '밝지 못 한 것'이고, 지
금 자신 내부에서 어떤 일이 일어나고 있는지 모르고 있는 것이다.

謂愚癡(소위우치) 卽是無明無智(즉시무명무지)", '치(癡)'라고 하는 것은 우치
하다는 말이고, 이것은 밝음이 없고, 지혜가 없다'는 말이다.
237　여섯 감각기관은 여섯 곳의 접촉해 들어오는 곳[六觸入處육촉입처]을
옮긴 말이다. 이것은 눈, 귀, 코, 혀, 몸, 의식 등을 일컫는 말이다.
238　〈잡아함경〉제251경 "尊者摩訶拘絺羅問尊者舍利弗言。謂無明者。云何爲
無明。尊者舍利弗言。所謂無知。無知者是爲無明。云何無知。謂眼無常不如實知。是
名無知。眼生滅法不如實知。是名無知。耳·鼻·舌·身·意亦復如是。如是。尊者摩訶拘
絺羅。於此六觸入處如實不知·不見·不無間等·愚闇·無明·大冥。是名無明"

즉 어리석음은 자신 내부에서 일어나고 있는 현상들에 대해 어두운 것, 모르고 있는 것, 깨어 있지 못 한 상태 등이다.

어리석음을 뜻하는 **痴(치)**의 산스크리트어 원어 moha(모하)는 '알아차림의 상실', '망상·미혹에 빠져서 헤맴' 등의 뜻으로, 痴(치), 妄(망), 愚(우), 愚癡(우치), **痴暗(치암)**, **無明(무명)** 등으로 한역되어 있다. 痴(치), moha(모하)에 대한 이러한 한역들을 보면, 불교에서 말하는 어리석음이 어떤 것인지 알 수 있다. 불교에서 말하는 어리석음은 마음이 형상[色색], 소리[聲성], 냄새[香향], 맛[味미], 촉감[觸촉], 몸과 마음에서 일어났다가 사라지는 현상[法법] 등에 빠져서 현재 자신의 몸과 마음에서 어떤 현상이 일어나고 있는지 모르고 있는 것이다.[239] 〈유식론〉 제6권에 "온갖 번뇌가 일어나는 것은 어둡기 때문"이라고 했다. 어두운 것은 망상 또는 혼침(昏沈)에 빠져서 알아차림을 하고 있지 못 하고 있는 것이다. 알아차리고 있는 동안에는 망상, 혼침, 어리석음이 있을 수 없다.

관찰을 통해 자신에게 일어나고 있는 현상의 성질을 밝게 알면, 모든 괴로움에서 벗어날 수 있다

반면에 불교에서 말하는 지혜는 관찰을 통해 지금 이 순간 자신 안에서 일어나고 있는 현상을 밝게 알아차리고 있는 것이고, 그 현상의 성질을 잘 이해하는 것이다. 자기 안에서 일어나고 있는 현상의 성질을 밝게 알면, 모든 괴로움에서 벗어날 수 있다. 이러한 지혜의 계발에 대해서는 말해주지 않고, 이해도 되지 않는 것을 억지로

---

239 여기에 사족(蛇足)을 붙이면, 더 큰 어리석음은 자신이 현재 어떤 행위를 하고 있는지 모르고 있는 것이다. 더 심한 어리석음은 그 행위의 잘못됨을 옆에서 말해주어도 비합리적인 고집을 부리며, 받아들이지 않는 것이다. 자존심과 비합리적인 고집은 어리석음의 대명사다.

"믿어라"고 말하면, 그것은 어리석음 위에 어리석음을 더해주는 꼴이 된다. 이 세상에는 외부 사람들이 보았을 때 도저히 이해할 수 없는 종교적인 믿음이 많다. 종교적인 믿음이 강하면 강할수록 그만큼 더 어리석고, 자신에 대해 어둡다는 말이다. 우둔한 믿음이나 도그마(dogma)에서 벗어나서 관찰수행을 통해 있는 그대로의 사실을 알아가야 한다. 자신을 관찰해가서 자신을 밝게 알 수 있도록 하는 것이 석가부처님의 불교다.

부처님의 선(禪)수행과정을 말하면 다음과 같다.

자신에 대해 어두움·무명(無明) → 번뇌·망상, 괴로움[苦고] → 밖으로 돌아다니는 마음을 안으로 거두어들임[攝心섭심] → 멈춤[止지] → 자신 안에서 일어나고 있는 현상에 의식을 집중함[禪定선정] → 관찰[觀관] → 알아차림·지(知지) → 깨어 있음·각(覺) → 밝음·지(智) → 환히 밝음·혜(慧)·반야 → 존재의 다섯 요소(오온)의 실체 없음과 무아(無我)의 진리를 꿰뚫어 봄[깨달음,證증] → 모든 괴로움에서 벗어남[해탈解脫] → 열반성취[空공] → 다음 존재를 받지 않음[不受後有불수후유]

〈반야심경〉은 모든 괴로움에서 벗어날 수 있는 반야지혜가 존재한다는 사실과 반야지혜를 완성하는 수행의 방법을 말해주는 경이다. 알아차림을 통해 쉬지 않고 자신 안에서 일어나고 있는 현상을 관찰해가면, 어느 날 밝은 智(지)가 나온다. 그러면 관찰이 더 깊어지고, 존재의 다섯 요소(오온)를 더 잘 분별해 볼 수 있게 된다. 그렇게 끊어지지 않고 존재의 다섯 요소를 계속 관찰해가다가 보면, 어느 날 최고로 밝은 智(지)인 혜(慧)가 완성되어서 존재의 다섯 요소는 다 실체가 없는 것들이고, 존재의 다섯 요소가 있을 뿐,

거기에 "나"라고 할 만한 것이 없다는 사실을 꿰뚫어보게 된다. 이것이 불교에서 말하는 완전한 깨달음이다. 무아(無我)의 진리를 깨달으면, 모든 괴로움에서 벗어난다. **〈반야심경〉은 "모든 것이 다 공(空)"이라는 말을 하고 있는 것이 아니라 "깊은 지혜를 완성하여, 공(空), 즉 무아의 진리를 깨달아서 모든 괴로움에서 벗어나기 위해서는 존재의 다섯 요소(오온)를 관찰해가야 한다"고 말해주고 있다.**

8. 관찰은 어떻게 하는 것인가?

그럼 관찰은 어떻게 하는 것인가? 선정상태에서 끊어지지 않고 지속적으로 관찰해가야 한다. 부처님의 선수행방법을 간단히 말하면, 지관겸수(止觀兼修)이고, 정혜쌍수(定慧雙修)이다.

지관겸수는 무슨 뜻인가?

그럼 지관겸수(止觀兼修)는 무슨 뜻인가? 이것은 '멈춤[止지]과 관찰[觀관], 즉 사마타와 위빠사나를 함께 닦는다'는 뜻이다. 지관(止觀)에서의 지(止)는 '**멈춤**'이라는 뜻으로, 산스크리트어 사마타(śamatha)[240]를 번역한 것이고, 관(觀)은 '**관찰**'이라는 뜻으로, 산스크리트어 비파사나(vipaśanā, 위빠사나)를 번역한 것이다. 그리고 겸수(兼修)는 '함께 닦는다'는 뜻이다.

---

240 사마타(śamatha)는 止(지), 寂止(적지), 寂滅(적멸), 消滅(소멸), 等靜(등정), 定心(정심), 禪定(선정), 攝寂靜(섭적정) 등으로 한역되어 있다.

멈춤과 관찰의 의미

그럼 멈춤[止지]과 관찰[觀관]이 어떤 것인지 구체적으로 알아보자. **멈춤**[止지]은 산스크리트어 사마타를 번역한 것으로, 마음을 한 대상에 묶어 놓는 것이고, 마음이 줄곧 한 대상에 머물러 있는 것이다. 멈춤은 의식이 또렷이 깨어있는 상태에서 생각의 중지, 선정(禪定), 부동심(不動心), 수일불이(守一不移)[241], 심일경성(心一境性)[242] 등으로 표현되기도 한다. 선정(**禪定**)은 줄곧 한 대상을 지켜보아서 그 대상에 마음이 고정(固**定**)되어 있는 것이다. 마음이 한 대상에 머물러서 움직이지 않는다고 해서 이것을 '부동심(不動心)'이라 하기도 하고, 마음이 한 대상을 지켜보아서 다른 데로 옮겨가지 않는다고 해서 이것을 '수일불이(守一不移)'라고도 한다. 멈춤을 많이 닦으면 번뇌·망상이 쉬어져서 청정심(清淨心), 번뇌에 물들지 않음, 맑음, 고요함, 평온함, 정서안정, 치유, 신통 등을 얻을 수 있다.

관찰[觀관]에 대해서는 앞의 관자재보살 부분에서 상세하게 설명했기 때문에 여기서는 간단히 설명한다. 관찰은 삼매상태에서 자신의 몸과 마음에서 인연에 의해 일어났다가 사라지는 현상들을 관찰하여, 그 특성을 알아가는 공부다. 내 몸과 마음에서 일어나

---

241 守一不移(수일불이)는 지킬 수(守), 한 일(一), 아니 불(不), 옮길 이(移)로 구성된다. 守一(수일)은 '한 대상을 지켜본다'는 뜻이고, 不移(불이)는 '옮겨가지 않는다'는 뜻이다. 守一不移(수일불이)는 중국 선종의 제4대 조사 도신(道信, 580-651)의 주된 법문이다. 도신은 "깨달음[證得]은 단지 지적인 이해만으로는 안 된다. 그래서 守一不移(수일불이)의 부동행(不動行), 즉 선정의 실제 닦음과 성취가 이루어지지 않으면 안 된다"고 강조했다. 〈능가사자기〉 박건주 역주. 운주사. 2011년. 40쪽 참고.
242 심일경성(心一境性)은 '마음[心심]이 한[一일] 대상[境경]에 머물러 있는 상태[性성]'라는 뜻이다.

고 있는 현상을 많이 관찰하면 할수록 내 안에서 일어나고 있는 몸의 물질현상[色색], 느낌[受수], 인식[想상], 업 지음[行행], 식별작용[識식]의 일어남과 사라짐을 더 잘 볼 수 있는 智(지)가 계발된다. 그 智(지)로써 내 안에서 일어나고 있는 현상의 성질을 점점 더 잘 알아가다가 결국 최고로 밝은 智(지)인 혜(慧, 반야)가 완성되어서 '무아'의 진리를 꿰뚫어보게 된다. 그럼으로써 열반을 성취하고, 모든 괴로움에서 벗어나게 된다.

정혜쌍수(定慧雙修)는 무슨 뜻인가?

그럼 정혜쌍수는 무슨 뜻인가? 이것은 '선정과 지혜를 함께 닦는다'는 뜻이다. 여기서 선정과 지혜의 개념을 알아야 하고, '그 둘을 함께 닦는다'는 말이 무슨 말인지 알아야 한다. 정혜(定慧)에서의 定(정)은 '선정(禪定)'의 준말이다. 선정은 줄곧 한 대상을 지켜봄으로써 그 대상에 마음이 고정되어 있는 것이다. 선정은 '禪(선)'과 '定(정)'이 결합된 단어다. 여기서 한자 '禪(선)'은 볼 시(示 watch)와 홑 단(單 one)이 결합된 글자로서 '줄곧 한 대상을 지켜본다'는 뜻이다. 또 定(정)은 '고정(固定)'의 의미로서 '마음이 다른 데로 달아나지 않고 줄곧 한 대상에 고정되어 있음'을 의미한다. 정혜(定慧)에서의 慧(혜)는 '지혜(智慧)'라는 뜻이다. 그럼 여기서 말하는 지혜는 어떤 것인가? 지혜는 위빠사나 관찰수행을 통해 지금 이 순간 자신의 몸과 마음에서 일어나고 있는 현상을 밝게 알고 있는 것이다.

정혜쌍수, 즉 '선정과 지혜를 함께 닦는다'는 말은 브라만교에서는 선정만 닦고, 지혜는 닦지 않는데, 위빠사나 관찰수행을 통해 지혜도 함께 닦아야 한다는 뜻이다. 또 마음이 줄곧 한 대상에 머물러서 더 깊이 관찰하기 위해서는 선정도 함께 닦아야 한다는 뜻이다. 정혜쌍수는 끊임없이 올라오는 번뇌를 때려잡고, 업력(業力)을 제어하기 위해서는 선정을 닦아야 하고, 무아의 진리를 꿰뚫어보아서 번뇌를 뿌리 채 다 뽑아버리기 위해서는 관찰수행을 통해 지혜를 완성해야 한다는 뜻이다.

정혜쌍수(定慧雙修)와 지관겸수(止觀兼修)는 같은 말이다

정혜쌍수와 지관겸수는 같은 말이다. 정혜쌍수는 '선정[定정]과 지혜[慧혜]를 함께 닦는다'는 뜻이고, 지관겸수는 '멈춤[止지]과 관찰[觀관]을 함께 닦는다'는 뜻이다.

"정혜쌍수(定慧雙修)"에서의 **定(정)**은 산만하게 돌아다니는 마음을 한 대상에 **고정**시켜서 **선정**(禪定)에 든다는 뜻이고, **慧(혜)**는 **지혜**의 준말로서 그렇게 선정에 든 상태에서 몸과 마음에서 일어나고 있는 현상[243]을 **관찰**하여, 그것들의 성질을 밝게 알아가야 한다는 뜻이다. 그래서 지혜와 관찰은 같은 말이다. 관찰을 통해 지혜가 밝아지고, 지혜로 관찰하기 때문이다. 그래서 '관찰'의 산스크리트어 원어 비파싸나(vipaśyanā)는 '觀(관)'뿐만 아니라 '慧(혜)'로도 번역되어 있다.[244]

"지관겸수(止觀兼修)"에서의 止(지,stop)[245]는 '마음대로 돌아다니는 마음을 "나"라고 하는 한 대상에 멈춘다'는 뜻이고, 觀(관)은 그렇게 멈춘 상태에서 '몸과 마음에서 일어나고 있는 현상을 관찰한다'는 뜻이다. 그렇기 때문에 **멈춤**[止지]은 **선정**을 의미하고, **관찰**

---

243   몸과 마음에서 일어나고 있는 현상들을 구체적으로 말하면, '신수심법(身受心法)' 또는 '오온(五蘊)'이라고 할 수 있다.

244   산스크리트어 비파싸나(vipaśyanā, 위빠싸나)는 觀(관), 慧(혜), 妙觀(묘관), 正見(정관) 등으로 한역되어 있다.

245   여기서 止(지)는 '머무를stop 지'이다.

[觀觀]은 **지혜**를 의미한다. 온갖 대상을 쫓아다니는 마음을 한 대상에 멈추어야만 선정에 들 수 있고, 선정에 들어서 자신의 몸과 마음에서 일어나고 있는 현상을 관찰해 들어가서 그것들의 성질을 밝게 알아가야만 지혜가 계발되어 나오기 때문이다.

9. 경전에 나오는 지관겸수

지관겸수(止觀兼修), 즉 멈춤과 관찰을 함께 닦는 것이 석가부처님의 선(禪)수행방법이다. 부처님께서는 여러 경전에서 다음과 같이 "멈춤과 관찰을 함께 닦아라"고 말했다.

1) 〈잡아함경〉 제964. 〈출가경〉에 다음과 같은 내용이 나온다.

> 부처님께서 말씀했다. "닦아 익히되, 많이 닦아 익혀야 하는 두 가지 방법이 있다. 그것은 **멈춤**[止지]과 **관찰**[觀관][246]이다. 이 두 가지 방법을 닦아 익히되, 많이 닦아 익히면, 갖가지 경계와 도과[果][247]를 다 알게 되고, 경계에 분명하게 깨어 있어서 허공경계, 의식경계, 무소유경계, 비상비비상처경계(非想非非想入處) 등 갖가지 경계를 다 알게 되고, 갖가지 경계를 다 깨닫게 된다."
> 이와 같은 비구는 욕구·욕망으로부터 벗어남을 구하고자 하고, 착하지 않은 법을 싫어하고, 내지 사선정(四禪定)을 구족하여 잘 머물고, 자비희사(慈·悲·喜·捨)의 사무량심과 허공경계, 의식

246 여기서 멈춤[止지]과 관찰[觀관]은 사마타와 위빠사나다.
247 여기서 도과(道果)란 수다원과, 사다함과, 아나함과, 아라한과 등을 일컫는 말이다.

경계, 무소유경계, 비상비비상처경계(非想非非想入處) 등을 알아서 세 가지 결박[248]을 다 끊어서 스스로 수다원과를 얻고, 세 가지 결박이 다하고, 욕구·욕망, 성냄, 어리석음 등이 점점 엷어져서 사다함과를 얻으며, 욕계의 다섯 가지 결박[249]을 다 끊어서 아나함과를 얻고, 갖가지 신통경계를 다 얻어서 천안통(天眼通), 천이통(天耳通), 타심통(他心通), 숙명통(宿命通), 태어남과 죽음을 아는 지혜, 번뇌를 다한 지혜 등을 얻게 된다. 그러므로 비구들이여, 멈춤과 관찰, 이 두 가지 방법을 닦아 익혀야 한다. 이 두 가지 방법을 많이 닦아 익히면, 갖가지 경계를 다 알게 되고, 나

248 '세 가지 결박'은 '三結(삼결)'을 번역한 것이다. 이것은 見結(견결), 戒取結(계취결), 疑結(의결) 등 예류과(預流果)를 증득한 사람이 끊는 3가지 번뇌다. 견결(見結)은 견해에 대한 집착에 묶인 것인데, 신견(身見), 변견(邊見), 사견(邪見) 등 3가지 어리석음이 그것이다. 중생들은 견해에 결박되어서 살생, 도둑질, 음행, 거짓말 등의 악업을 짓고, 결국 괴로움에서 벗어나지 못하므로 '견결(見結)'이라고 한다. 신견(身見)은 오온의 가화합(假和合)에 불과한 이 몸속에 고정불변의 자아가 있다고 집착하는 것이다. 변견(邊見)은 변집견(邊執見)의 준말로서 '편벽된 극단에 집착하는 견해'라는 뜻이다. 나는 사후에 영구불변하는 존재로 상주(常住)한다고 보는 상견(常見)과 죽으면 모든 것이 끝난다[斷滅]고 보는 단견(斷見)이 그것이다. 사견(邪見)은 인과를 부정하는 그릇된 견해다. 계취결(戒取結)은 계금취(戒禁取), 계금취견(戒禁取見) 등으로 번역되기도 하는데, 이것은 옳지 못한 계율이나 어떤 행위를 금하는 것[禁制금제] 등을 열반에 이르는 바른 계행(戒行)이라고 고집하는 것이다. 의결(疑結)은 사성제나 인과의 진리를 의심하는 것이다. 의심함으로써 삼계에 결박되어서 벗어나지 못 하게 되므로 '의결(疑結)'이라고 한다.
249 '욕계의 다섯 가지 결박'은 "오하분결(五下分結)"을 번역한 것이다. 하분(下分)은 욕계를 의미하고, 결(結)은 번뇌를 의미한다. 욕계의 다섯 가지 결박은 욕구·욕망[欲貪욕탐], 화·불만족·진에(瞋恚), 유신견(有身見), 계금취견(戒禁取見), 의결(疑結) 등 욕계 중생들을 얽매고 있는 5가지 번뇌를 일컫는 말이다. 이 5가지 번뇌가 있는 한 중생은 욕계에 살아야 하고, 이것을 끊으면 아나함과[不還果불환과]를 얻는다.

아가 번뇌를 완전히 다 없애게 된다."[250]

위의 경의 요지는 멈춤과 관찰을 많이 닦아 익히면, 경계에 깨어
있어서 갖가지 경계를 다 알게 되고, 갖가지 경계를 다 깨닫고, 번
뇌를 완전히 다 없애게 된다는 말이다.

2) 〈장아함경〉 제1권 후반부에 다음과 같은 내용이 나온다.

이 때 여래께서는 대중 앞에서 허공에 올라가서 결가부좌하고
계경(戒經)을 연설했다. "인욕(忍辱)이 제일이고, 열반이 으뜸이
다. 수염과 머리를 깎은 자로서 남을 해치지 않는 이가 사문[251]
이니라." 수타회 범천(梵天)[252]은 부처님과 멀리 떨어지지 않은
곳에서 게송으로 찬탄했다.

여래의 큰 지혜는
미묘하고도 홀로 높아
멈춤[止지]과 **관찰**[觀관]을 함께 갖추어서

---

250 〈잡아함964 출가경〉"佛告婆蹉 有二法 修習多修習 所謂止·觀 此二法修習
多修習 得知界·果 覺了於界 知種種界 覺種種界 …… 是故 比丘 當修二法 修習多修習
修二法故 知種種界 乃至漏盡"
251 사문(沙門)은 산스크리트어 슈라마나(śramaṇa)를 음역(音譯)한 것으
로, 출가수행자를 총칭하는 말이었다. 사문은 원래 고대 인도에서 반(反)베다
적이고 반(反)브라만적인 떠돌이 수행승들을 일컫던 말이었다. 슈라마나는
修善(수선), 勤修(근수), 勤勞(근로), 勞力(노력), 功(공), 功勞(공로), 勤息(근
식), 息心(식심), 靜志(정지) 등으로 한역돼 있다. 사문은 여러 선법(善法)을 부
지런히 닦고, 악법(惡法)은 행하지 않으며, 심신을 제어하고 쉬어서 깨달음을
지향하고, '깨닫기 위해 쉬지 않고 노력하는 사람'이라는 뜻이다.
252 범천(梵天)은 하늘의 신(神)이다.

최고로 바른 깨달음을 성취하셨네.²⁵³

중생들을 가엾게 여기는 까닭에
이 세상에 머물며, 도를 이루어서
사성제 법으로
성문들을 위해 연설하시네.

괴로움과 괴로움의 원인[苦因]과
괴로움을 완전히 다 소멸한 진리와
성현의 거룩한 팔정도를 가지고
안락한 곳으로 인도하시네.²⁵⁴

또〈장아함경〉제1권에 다음과 같은 내용이 나온다.

비바시²⁵⁵부처님께서 처음 도를 이루었을 때 두 가지 방법[觀]
을 많이 닦았다. 그것은 쉬어짐을 닦는 방법[安隱觀안은관]과 벗
어남을 닦는 방법[出離觀출리관]²⁵⁶이었다. 부처님께서 게송으로

---

253 〈신수대장경〉제1권 안의〈장아함경〉010a27 "時(시)。首陀會天去佛不
遠(수타회천거불불원)。以偈頌曰(이게송왈) 如來大智(여래대지) 微妙獨尊(미
묘독존) **止觀具足(지관구족) 成最正覺(성최정각)**"
254 〈장아함경〉제1권.010a29 "愍群生故 在世成道 以四眞諦　爲聲聞說 苦與
苦因 滅苦之諦 賢聖八道到安隱處"
255 불보살 이름의 하나인 비바시(毗婆尸)는 산스크리트어 Vipaśyin(비바
시)를 음역(音譯)한 것이다. 비바시는 觀(관), 見(견), 勝觀(승관), 妙觀察(묘관
찰), 種種見(종종견), 遍觀(변관), 遍眼(변안) 등으로 번역되어서 '하나도 빠짐
없이 잘 관찰한다'는 뜻이고, '위빠사나한다'는 뜻이다.
256 쉬어짐을 닦는 방법[安隱觀안은관]은 번뇌를 일시적으로 멈추게 하여,

186

말했다.

너무 뛰어나서 비교 대상이 없는 여래께서는
'쉬어짐을 닦는 방법'과 '벗어남을 닦는 방법'이라는
이 두 가지 방법을 많이 닦아서
선인(仙人)께서 저 언덕 너머로 건너 가셨네.[257]

그 마음은 자유자재를 얻어서
모든 번뇌와 결박을 다 끊어 없애고,
산 위에 높이 올라가서 사방을 관찰하신다.
그러므로 '비바시(관찰)[258]'라고 부른다네.

큰 지혜광명이 어두움을 없애어서
자신을 거울에 비추어 보듯이
있는 그대로 보았다네.
세상을 위해 걱정과 번민을 다 없애주시고
태어남, 늙음, 죽음의 괴로움을 다 없애주시네.

3) 〈잡아함경〉 제464경에 다음과 같은 내용이 나온다.

몸과 마음을 쉬게 해주는 사마타 선법(禪法)이다. 벗어남을 닦는 방법[出離觀
출리관]은 깊은 관찰을 통해 번뇌의 원인을 깨달아서 번뇌를 뿌리 채 다 뽑아
버리는 위빠사나 선법이다.

257 〈신수대장경〉 제1권 안의 〈장아함경〉 제1권. 008b07 ~ 008b10 "毗婆尸
佛(비파시불)初成道時(초성도시) 多修二觀(다수이관)。一曰安隱觀(일왈안은
관)。二曰出離觀(이왈출리관)。佛於是頌曰(불어시송왈) 如來無等等(여래무등
등) 多修於二觀(다수어이관) 安隱及出離(안은급출리) 仙人度彼岸(선인도피안)"
258 비바시, 비빠시, 비파시 등은 비파사나(위빠사나)또는 관찰과 같은 뜻이다.

존자 아난이 '상좌(上座)'라고 불리는 이에게 물었다. "만약 비구가 공터, 나무 밑 혹은 한적한 방에서 선(禪)을 닦으려고 하면,²⁵⁹ 어떤 방법으로 오롯한 마음이 되어서 닦아야 합니까?" 상좌가 답했다.

"존자 아난이여, 공터, 나무 밑 혹은 한적한 방에서 선(禪)을 닦으려고 하면, 두 가지 방법으로 오롯한 마음이 되어서 닦아야 합니다. 그것은 **멈춤[止]**과 **관찰[觀]**²⁶⁰입니다." ……(중간 생략)…… "존자 아난이여, 멈춤을 닦아 익히되, 많이 닦아 익히면, 결국 관찰이 이루어집니다. 또 관찰을 닦아 익히되, 많이 닦아 익히면, 멈춤이 이루어집니다. 이른바 거룩한 제자는 멈춤과 관찰을 함께 닦아서 온갖 해탈경계를 다 얻습니다."²⁶¹

아난이 또 다시 상좌에게 물었다. "어떤 것이 온갖 해탈경계²⁶² 입니까?"

상좌가 답했다. "존자 아난이여, 끊어진 경계[斷界단계], 욕구·욕망이 없는 경계[無欲界무욕계], 모든 것이 다 소멸된 경계[滅界멸계], 이런 것들을 '온갖 해탈경계'라고 합니다."

존자 아난이 또 상좌에게 물었다. "어떤 것이 끊어진 경계이고, 내지 모든 것이 다 소멸된 경계입니까?" 상좌가 답했다. "존자

---

259 한역문의 思惟(사유)는 '禪(선)을 닦는다'는 뜻이다. 이것은 禪修(선수), 禪思惟(선사유), 思惟(사유) 등의 형태로도 쓰인다.

260 여기서 멈춤은 사마타이고, 관찰은 위빠사나다.

261 〈잡아함경〉464. 동법경(同法經) 118b19 "上座答言。尊者阿難。於空處·樹下·閑房思惟者。當以二法專精思惟(당이이법전정사유)。所謂止·觀(소위지관)。尊者阿難復問上座。修習於止。多修習已。當何所成。修習於觀。多修習已。當何所成。上座答言。尊者阿難。修習於止。終成於觀。修習觀已。亦成於止。謂聖弟子止·觀俱修(위성제자지관구수)。得諸解脫界(득제해탈계)"

262 여기서 경계는 '상태'와 같은 의미로 해석할 수 있다.

아난이여, 온갖 업 지음[行행]이 다 끊어진 것이 끊어진 경계이고, 욕구·욕망이 완전히 다 소멸된 것이 욕구·욕망이 없는 경계입니다. 온갖 업 지음이 다 소멸된 것이 모든 것이 다 소멸된 경계입니다."[263]

4) 〈잡아함경〉 186경에 다음과 같은 내용이 나온다.

멈춤과 관찰을 닦아야 한다.

이와 같이 내가 들었다. 한 때 부처님께서 사위국 기수 급고독원에 계셨다. 그 때 세존께서 여러 비구들에게 말했다. "만약 어떤 사람이 있어서 그의 머리와 옷에 불이 붙었다고 하면, 그 사람은 어떻게 해야 하겠는가?" 비구들이 부처님께 아뢰었다. "세존이시여, 당연히 왕성한 의욕을 일으켜서 간절한 마음으로 노력하여, 서둘러서 불을 꺼야 합니다."

부처님께서는 비구들에게 말했다. "머리나 옷에 붙은 불은 잠깐 잊고 있을지언정, 치성하게 타오르고 있는 이 무상(無常)의 불을 서둘러서 꺼야 한다. 무상의 불을 끄기 위해서는 **멈춤**[止지]을 닦아야 한다. 어떤 것들의 무상함을 끊기 위해 멈춤을 닦아야 하는가? 이른바 몸의 물질현상[色색]의 무상함을 끊기 위해 멈춤을 닦아야 하고, 느낌[受수], 인식[想상], 업 지음[行행], 식별작용[識식]의 무상함을 끊기 위해 멈춤을 닦아야 한다. ……(이 사이의 상세한 내용은 앞에서 말한 것과 같다)."

---

263 〈잡아함경〉 464. 118b25 "阿難復問上座。云何諸解脫界。上座答言。尊者阿難。若斷界·無欲界·滅界。是名諸解脫界。尊者阿難復問上座。云何斷界。乃至滅界。上座答言。尊者阿難。斷一切行。是名斷界。斷除愛欲。是無欲界。一切行滅。是名滅界"

부처님께서 이 경을 말하자 여러 비구들은 부처님 말씀을 듣고, 기뻐하며, 받들어 수행했다.

……

이와 같이 비구들이여, 나아가 과거, 미래, 현재의 무상함을 끊고……(내지)…… 다 소멸하고 끝내기 위해서는 **멈춤**과 **관찰**[止觀지관]을 닦아야 한다.

5) 빨리어 경전인 〈앙굿따라니까야〉에 다음과 같은 내용이 나온다.

"비구들이여, 두 가지 법은 영지(靈知)의 일부이다. 무엇이 그 둘인가? 그것은 **사마타**와 **위빠사나**이다. 비구들이여, 사마타를 닦으면 어떤 이익이 있는가? 마음이 계발된다. 마음이 계발되면 어떤 이익이 있는가? 욕구·욕망이 제거된다. 비구들이여, 위빠사나를 닦으면 어떤 이익이 있는가? 지혜가 계발된다. 지혜가 계발되면 어떤 이익이 있는가? 무명(無明)이 제거된다."[264]

우리는 이와 같이 여러 경전을 통해 석가부처님의 선(禪)수행방법은 멈춤과 관찰이라는 사실을 알았다.

---

[264] 〈앙굿따라니까야〉 각묵 스님 번역. 제1권 211쪽의 내용을 필자가 이해하기 쉽도록 재번역해서 옮겼다.

10. 관찰은 위빠사나 방법이고, 불교 특유의 방법이다

여래는 자신이 창안해낸 위빠사나 관찰법을 통해 그 이전에 어느 누구도 얻지 못 했던 반야지혜를 얻었다. 관찰법은 "위빠사나" 방법이고, 불교 특유의 방법이다. 부처님은 관찰법으로 깊은 지혜를 얻을 수 있었다. 이러한 사실은 다음과 같은 〈장아함경〉의 내용을 보면 알 수 있다.

> 〈장아함경〉제3권.〈유행경(遊行經) 제2 ②〉
> 아난이 부처님께 아뢰었다. 세존이시여, 정말 신기합니다. 과거에 없던 법을 여래는 이와 같이 성취할 수 있었습니다. 부처님께서 말했다. "이와 같이 미묘하고 희유(希有)한 법이다. 아난아, **이 법은 정말로 기이(奇異)하고도 특별하다. 과거에는 없던 것인데, 오직 여래만이 이 법을 성취할 수 있었다.**"
> 이 때 세존께서 또 아난에게 말했다. "여래는 느낌[受수]이 일어나고, 머물고, 없어지는 것과 인식[想상]이 일어나고, 머물고, 없어지는 것과 관(觀)[265]이 일어나고, 머물고, 없어지는 것을 다 알 수 있다. 이것은 여래의 매우 기이하고도 특별하고, 일찍이 없던 법이다. 너는 이 법을 받아 지녀야 한다."[266]

---

265 이 관(觀)은 오온의 식(識)을 이렇게 번역한 것이 아닌가 한다. 식(識)은 '식별작용'이라는 뜻이다.

266 〈대정신수대장경〉아함부 제1권.〈장아함경〉제3권.〈유행경〉016b29, "佛言(불언)。如是微妙希有之法(여시미묘희유지법)。阿難(아난)。甚奇(심기)。甚特(심특)。未曾有也(미증유야)。唯有如來能成此法(유유여래능성차법)。又告阿難(우고아난)。如來能知受起·住·滅(여래능지수기주멸)。想起·住·滅(상기주멸)。觀起·住·滅(관기주멸)。此乃如來甚奇甚特未曾有法(차내여래심기심특미증유법)。汝當受持(여당수지)。"

위의 내용을 보면 부처님께서는 느낌[受수], 인식[想상], 관(觀)이 일어나고, 머물고, 없어지는 것을 다 아신다고 한다. 그리고 이렇게 할 수 있는 것은 그 이전의 어느 누구도 갖지 못 했던 특별한 능력이었고, 그 당시에는 오직 여래만이 이렇게 할 수 있었다는 사실을 알 수 있다. 여래는 자신이 발견해낸 관찰법을 통해 이와 같은 특별한 능력을 얻었다. 여기서 '관찰'은 산스크리트어 '비빠사나(vipassanā)'를 번역한 것이다. 〈대승기신론〉에 관찰을 다음과 같이 정의해 놓은 것을 보면, 이러한 사실을 알 수 있다.

> "**관찰**[觀관]은 [자신의 몸과 마음에서] 인연에 의해 일어났다가 사라지는 현상들[相상][267]을 밝게 보는[分別분별, 明見명견] 것[268]으로서 **위빠사나 관찰수행**을 의미한다."[269]

그럼 남방불교에서는 위빠사나를 어떻게 정의하고 있는지 한 번 보자. '현대 위빠사나수행의 중흥조'라고 할 수 있는 미얀마의 마하시 사야도(Mahasi Sayadaw 1904~1982) 스님은 위빠사나수행을 다

---

267 "일어났다 사라지는 현상[生滅相생멸상]"은 '생멸(生滅)현상'을 두고 하는 말이다. 우리 몸과 마음에는 매순간 수많은 생멸현상이 일어나고 있다. 그 생멸현상에 마음의 초점을 맞추고, 그것들을 집중적으로 관찰해가는 것이 위빠사나수행이다.

268 여기서 밝게 보는 것은 한역문 '分別(분별)'과 '明見(명견)'을 번역한 것이다. 진제는 '분별'로 번역했고, 실차난타는 '명견'으로 번역했다. '분별해 본다'는 것은 '밝게 본다[明見명견]', '분명하게 알아차린다[分別분별]'는 뜻이다.

269 〈대승기신론〉수행신심분(修行信心分). 지관문(止觀門). 진제 번역 : "所言觀者(소언관자). 謂**分別**因緣生滅相(위**분별**인연생멸상). 隨順**毘鉢舍那**觀義故(수순**비빠사나관**의고)" 실차난타 번역 : "**明見**因果生滅之相是觀義(**명견**인과생멸지상시관의)"

음과 같이 정의해 놓았다.

"위빠사나수행은 '지혜명상'이라고도 한다. 이것은 수행자가 관찰을 통해 자신에게 일어나고 있는 물질현상과 정신현상의 성질을 제대로 이해하려고 노력하는 것이다."[270]

이제 우리는 관찰이 위빠사나라는 사실도 알았고, 위빠사나수행이 어떤 것인지도 알았다. 이번에는 〈별역잡아함경〉 제191경을 한 번 보자. 이 경에는 여래는 관찰수행을 통해 존재의 다섯 요소[오온]는 다 원인에 의해 일어나고, 원인에 의해 소멸된다는 사실을 아신다는 내용이 나온다.

〈별역잡아함경〉 제191경
목련이 그 물음에 답했다. "그 밖의 사문과 바라문들은 몸의 물질현상[色색]은 원인[因인]에 의해 일어나는 것을 알지 못 하고, 몸의 물질현상은 원인에 의해 소멸되는 것을 알지 못 한다. 또 몸의 물질현상에 맛 들이는 것을 알지 못 하고, '몸의 물질현상'이라는 재앙의 뿌리[禍根화근]를 알지 못 하며, 몸의 물질현상에서 벗어나는 것을 알지 못 한다. 그들은 이러한 뜻을 이해하지 못 하기 때문에 몸의 물질현상에 집착한다. '내가 저 몸의 물질현상을 만들어냈다[生생]'고 하거나, '내가 저 몸의 물질현상을

270　이 정의는 다음 영문을 번역한 것이다. "The practice of Vipassana or Insight Meditation is the effort made by the meditator to understand correctly the nature of the psycho-physical phenomena taking place in his own body." 이 내용은 마하시 사야도께서 마하시센터에 수행하러 온 외국인들에게 해준 법문을 그의 제자가 영어로 통역한 것이다.

만들지 않았다'고 하면서 몸의 물질현상에 집착한다. '내가 저 몸의 물질현상을 만들어내기도 하고, 만들어 내지 않기도 한다'면서 몸의 물질현상에 집착한다. '내가 저 몸의 물질현상을 만들어낸 것도 아니고, 만들어내지 않은 것도 아니다'고 하면서 몸의 물질현상에 집착한다. 느낌[受수], 인식[想상], 업 지음[行행], 식별작용[識식]에 대해서도 또한 마찬가지다.

여래께서는 [관찰수행을 통해] 몸의 물질현상은 원인에 의해 일어나는 것을 아시고, 원인에 의해 소멸되는 것을 사실 그대로[如實여실] 아신다. 또 몸의 물질현상에 맛 들이는 것[色味색미]을 아시며, '몸의 물질현상'이라는 재앙의 뿌리를 아시고, 몸의 물질현상에서 벗어나는 것을 아십니다.

이와 같이 여래께서는 [몸의 물질현상을] 사실 그대로 아시기 때문에 '몸의 물질현상이 저것을 만들어냈다'고 말할 때도 마음에 집착함이 없으시고,[271] 나아가 '몸의 물질현상이 저것을 만들어낸 것도 아니고, 만들어내지 않은 것도 아니다'고 말할 때도 집착함이 없으십니다. 느낌[受수], 인식[想상], 업 지음[行행], 식별작용[識식]에 대해서도 또한 마찬가지입니다.

이러한 뜻은 너무 깊어서 한량이 없고, 끝이 없어서 머리로 헤아려서 알 수 있는 바가 아니고, 공간[方處방처]이 있는 것도 아니고, 가고 옴이 있는 것도 아니며, 모든 것이 다 소멸된 적멸(寂滅)이라서 그 어떤 현상[相][272]도 없나이다."[273]

---

271 여기서 '말한다'는 것은 외도가 질문하는 것이고, '집착함이 없다'는 것은 '그 질문에 대답하지 않는다'는 뜻으로 해석된다.

272 여기서 "현상[相상]"은 '대상'으로 번역해도 무방할 것 같다. "그 어떤 현상도 없다"는 말은 '그 어떤 현상도 일어나지 않는다'는 뜻이다.

273 〈별역잡아함경〉제191경 443c01 "如斯之義(여사지의)。甚深無量(심심

위의 부처님 말씀에 의하면, 여래께서는 관찰수행을 통해 느낌, 인식, 관(觀) 등이 일어나고, 머물고, 사라지는 것을 다 볼 수 있는 지혜의 눈을 완성했다. 여래는 그 지혜의 눈으로 존재의 다섯 요소[오온]는 다 원인에 의해 일어났다가 소멸되는 것들임을 사실 그대로 아신다.

위의 〈장아함경〉 제3권 〈유행경〉에서 말하고 있듯이 관찰법은 부처님 이전에는 없던 법이다. 이것은 여래께서 최초로 계발한 신기하고도 특별한 방법이다. 이 방법은 불교에만 있는 위빠사나 방법이다. 이 방법에 의하지 않고서는 지혜가 완성되지 않는다.

지혜에 대한 마무리 정리

지금까지 불교에서 말하는 지혜가 어떤 것인지 알아봤고, 한국불교 내지 대승불교에는 왜 "지혜"의 개념이 없는지도 알아봤다. 또 지혜를 완성하는 방법인 "지관겸수(止觀兼修)"가 어떤 뜻이고, 그 용어가 왜 없어졌는지도 알아봤다. 끝으로 정리하면 부처님께서 말하는 지혜는 자신의 몸과 마음을 관찰해가서 거기서 일어나고 있는 현상들의 성질을 꿰뚫어볼 수 있는 눈이다. 이러한 눈은 관찰수행을 많이 했을 때 계발된다. 위빠사나 관찰법은 부처님께서 지혜를 완성하기 위해 발견해낸 불교 특유의 방법이다. 한국과 중국, 티베트 등의 불교에 반야지혜가 없는 까닭은 그 곳에는 위빠사나 관찰수행법이 없기 때문이다.

무량). 無有邊際(무유변제). 非算數所知(비산수소지). 無有方處(무유방처). 亦無去來(역무거래). 寂滅無相(적멸무상)"

중국불교에도 초기에는 관찰수행법이 있었다

그럼 중국불교에는 원래부터 관찰수행법이 없었을까? 그렇지 않은 것으로 보인다. 중국 선불교가 시작되기 약 150년 전의 인물인 천태지의(天台智顗, AD.538~597) 대사는 〈천태소지관天台小**止觀**〉의 서문에서 "**멈춤과 관찰,**[274] **이 두 방법은 수레의 두 바퀴와 같고, 새의 양 날개와 같다.** 만약 이 둘 중 어느 하나만 치우쳐서 닦으면, 잘못된 길에 떨어지게 된다"[275]고 경고했다. 새가 한 쪽 날개만으로는 날 수 없듯이 멈춤과 관찰도 어느 하나만으로는 최상의 완전한 깨달음을 이룰 수 없다는 말이다. 천태지의 대사는 그 서문에서 "**멈춤은 번뇌를 굴복시키기 위한 첫 관문이고, 관찰은 미혹을 끊기 위한 필수요소**"[276]라고 말했다. 끊임없이 올라오는 번뇌를 때려잡기 위해서는 멈춤을 닦아야 하고, 지혜를 완성하기 위해서는 관찰을 닦아야 한다는 말이다. 이와 같이 천태지의 대사는 멈춤과 관찰에 대해 잘 알고 있었고, 그 방법을 안내하기 위해 〈천태소지관〉이라는 책을 저술하기까지 했다. 이러한 사실로 미루어 볼 때 중국에도 처음부터 위빠사나 관찰법이 없었던 것은 아니다. 하지만 석가부처님 불교와 근본사상이 다른 중국 선(禪)불교가 등장하면서 위빠사나 관찰법이 중국에서 사라진 지 오래 되었고, 그 결과, 중국 선불교를 전

---

274 멈춤과 관찰의 개념에 대해서는 필자의 책 〈대승기신론 속의 사마타와 위빠사나〉 2011년판의 68~121쪽에 상세하게 설명해 놓았다.

275 〈대정신수대장경〉〈천태소지관〉462b13~14 "止觀此二法(지관차이법) 如車之雙輪(여거지쌍륜) 鳥之兩翼(조지양익) 若偏修習(약편수습) 卽墮邪倒(즉타사도)"

276 〈대정신수대장경〉〈천태소지관〉462b08~11 "止乃伏結之初門(지내복결지초문) 觀亦斷惑之正要(관역단혹지정요) 止則愛養心識之善資(지즉애양심식지선자) 觀則策發神解之妙術(관즉책발신해지묘술) 止是禪定之勝因(지시선정지승인) 觀是智慧之由籍(관시지혜지유적)"

해 받은 한국불교에서는 불과 몇 년 전까지만 해도 위빠사나 관찰법이 마치 외도의 수행법인 양 백안시 되었던 것이 사실이다.

11. 위빠사나 지혜를 계발하는 방법

호흡을 관찰하는 좌선법, 아나빠나사띠

우리는 늘 바쁘고 뭔가에 쫓기듯이 정신없이 하루하루를 살아가고 있다. 무한 경쟁으로 인해 받는 스트레스와 근심, 걱정은 우리 몸과 마음을 병들게 한다. 우리는 자신의 몸과 마음을 건강하게 지킬 수 있는 방법을 찾아야 한다. 우리는 잠깐 동안의 여유를 가지고 자신을 관찰해볼 수 있는 명상을 쉽고도 체계적으로 공부할 필요가 있다. 부처님의 호흡관찰 명상법인 아나빠나사띠를 여기에 소개한다.

아나빠나사띠ānāpānasati는 들숨과 날숨을 알아차리는 선(禪)수행방법이다. 아나āna는 들숨이고, 아빠나apāna는 날숨이다. 그리고 사띠sati는 '알아차린다'는 뜻이다. 즉 아나빠나사띠는 들숨과 날숨을 알아차림 하면서 호흡을 관찰하는 명상법이다. 이것은 호흡에 의식을 집중하여 호흡의 변화과정과 그 특성을 알아가는 부처님께서 닦았던 선수행방법이다. 부처님은 〈아함경〉에서 아나빠나사띠를 설명해주고 있고, 부처님의 제자는 이 방법으로 선(禪)을 닦아야 한다고 말하고 있다.

방법안내 1) 호흡관찰명상은 들숨과 날숨을 알아차림 하면서 번뇌망상을 줄이고, 마음의 집중과 안정을 증진시키며, 지혜를 계발하는 수행법이다. 호흡에 의식을 집중해서 들숨과 날숨을 관찰해감으로써 번뇌망상으로 일컬어지는 잡념, 불안, 스트레스, 우울과 같은 산란한 마음이 가라앉으면서 마음이 고요하고도 편안하게 호흡에 머물게 된다. 호흡관찰명상을 꾸준히 많이 하면, 호흡에 대한 집중과 관찰을 통해 지혜가 계발된다.

실제 호흡을 관찰할 때는 호흡의 과정을 4단계로 나누어서 관찰한다. 단순히 들숨과 날숨을 구분해서 '들숨', '날숨'이라고 알아차리는 제1단계의 관찰로 시작해서 들숨 날숨의 시작점이나 끝점 중 어느 하나를 알아차리는 제2단계의 관찰, 들숨 날숨의 시작점과 끝점, 둘 다를 알아차리는 제3단계의 관찰, 그리고 들숨 날숨의 시작점과 중간과 끝점, 그리고 들숨과 날숨 사이에 있는 전환점까지 다 관찰해가는 제4단계의 관찰로 나누어서 한다. 제1단계의 관찰을 꾸준히 하여, 그것이 잘 되어서 너무 쉬우면 제2단계의 관찰로 넘어가는 식으로 한다.

요가나 단전호흡에서는 호흡을 인위적으로 길게 늘어뜨리거나 심호흡을 하게 하거나 숨을 들여 쉰 채 오래 멈추게 함으로써 몸에 기(氣)를 모은다. 하지만 부처님의 호흡관찰명상법에서는 호흡을 인위적으로 조절함으로써 기를 모으는 것에는 관심이 없다. 호흡관찰명상은 지혜를 계발하는 것이 목적이기 때문이다. 부처님께서는 호흡관찰명상을 할 때는 자연스럽게 호흡하라고 가르친다. 그러면서 매 순간 들숨과 날숨에 대한 분명한 알아차림이 강조된다. 왜냐하면 집중된 상태에서 알아차림을 지속해가면 알아차리는 감각이 점점 예리해져서 지혜가 계발, 완성되기 때문이다.

조용히 앉아서 허리를 곧게 세우고, 어깨의 긴장을 풀고, 두 손은 무릎 위나 아랫배에 둔다. 의식을 호흡에 묶어 두고, 호흡이 진행되는 과정을 놓치지 않고 지켜보면서 매순간 변화과정을 알아차림 해간다. 들숨, 날숨, 그리고 그 사이의 전환점에서의 잠깐 멈춤 등 호흡의 전 과정에 의식을 집중해서 호흡을 알아차린다. 그것이

별 어려움 없이 잘 되면, 들숨의 첫 시작점을 알아차리고, 끝점을 알아차리며, 또 그 중간점을 알아차림 해간다. 날숨의 과정도 같은 방법으로 알아차림 해간다. 이런 식으로 잠시도 놓치지 않고 호흡의 전 과정을 계속 많이 관찰해가면, 알아차림이 점점 더 예리해져서 보이지 않던 것들이 보여 온다. 지혜의 눈이 밝아져서 미세한 것들이 보여 오는 것이다.

호흡관찰명상에서는 호흡의 길이를 변화시키려고 애쓸 필요가 없다. 이것은 단전호흡이나 요가가 아니기 때문이다. 자연스럽게 호흡하라. 중간에 생각이 끼어들면, 그 '생각 끼어듦'을 즉각 알아차려라. 그리고 생각이 사라질 때까지 그것을 지켜보면서 알아차림 해가라. 생각이 일어나는 것은 자연스러운 현상이다. 그러므로 그것을 자책하거나 생각과 싸우지 말라. 중요한 것은 생각이 일어나는 즉시 그것을 알아차림 하는 것이다. 생각이 일어나는 것보다 더 안타까워해야 할 것은 그것을 즉시 알아차리지 못 한 것이다. 알아차림이 끊어지지 않고 지속되도록 하는 것이 알아차림명상의 핵심이다. 생각이 사라지고 나면 다시 호흡에 집중해서 들숨 날숨의 전 과정을 알아차림 해간다. 매일 최소한 15분정도의 수련이 필요하고, 30분이나 50분정도 수행해가면 더 좋다. 수행하는 시간이 많아지면 그 효과가 배가(倍加)되기 때문이다.

방법안내 2) 좌선을 할 수 있는 시간이 되면, 반가부좌 자세로 앉는다. 오른쪽 다리를 왼쪽 다리 위에 포개거나 그 반대로 하고, 손은 자신이 가장 편안한 상태로 두고, 허리부터 머리끝까지의 상체를 수직으로 곧게 세워서 앉은키가 최대가 되도록 한다. 가슴은 약간 들어주고, 턱은 몸 쪽으로 살짝 당겨준다. 엉덩이는 오리 엉덩이처럼 뒤로 약간 빼고, 배는 앞으로 내미는 기분으로 하면, 허리가 S자형으로 들어간다. "상체를 곧게 세우라"고 말하면, 사람들은 상체에 필요 이상의 힘을 주어서 마치 사관생도와 같은 몸을 취하는데, 그렇게 하면 편안하게 이완되지 못 하고, 긴장상태가 지속되어서 피로감이 몰려오고, 어깨의 결림이 있게 되어서 오랫동안 좌선을 할 수 없을 수도 있다. 좌선을 하더라도 깊은 선정에 들 수가 없다. 그렇기 때문에 허리를 제외한 나머지 상체부위는 힘을 빼서 무게가 조금 더 나가게 하고, 바닥 쪽으로 처진다는 기분을 느끼면, 상체의 힘이 저절로 빠지게 된다. 하지만 좌선하는 동안 허리에는 힘이 약간 들어가 있어야 한다. 허리가 죽으면 선정상태에서 나오는 치유효과가 잘 나오지 않기 때문이다. 눈은 감는 것이 좋지만, 떠도 좋다.

그리고 "이제 나의 모든 짐을 다 내려 놓겠다"고 다짐한다. 명상을 하는 동안 그대를 성가시게 하는 것들에 대해 관심을 두지 말라. 모든 생각을 내려놓고, 고요한 마음으로 앉아 있으면, 호흡이 감지된다. 이제 그 호흡에 의식을 집중해서 들이 쉬는 숨과 내어 쉬는 숨을 관찰해보라. 먼저 호흡이 어떤 식으로 이루어지는지를 관찰해보라. 우선 숨이 들어오고 나갈 때, 가슴, 어깨, 배 등의 몸이 부풀었다가 꺼지는 것을 어렵지 않게 관찰할 수 있다. 처음에는 부품과 꺼짐에 따라 진행되는 몸의 움직임을 따라가면서 '부품', '꺼짐'이라고 이름을 붙이면서 알아차림 해가라. 그러다가 그것이 너무 쉬우면, 부품의 시작점과 끝점 그리고 그 중간을 알아차림 해가고, 꺼짐의 시작점과 끝점, 그리고 그 중간을 알아차림 해간다. 처음에는 쉽게 되지 않을 것이다. 그래서 초심자는 내어 쉬는 숨의 끝점만 알아차리는 것이 더 나을 것이다.

호흡에 대한 알아차림을 계발할 때 의도적으로 숨을 길게 쉬거나 짧게 쉬려고 하지 마십시오. 강하거나 약하게도 하지 말고, 호흡을 자연스럽게 하도록 내버려 두십시오. 하지만 호흡을 관찰해가면 대부분 호흡이 좀 길어지기가 쉽습니다. 호흡이 길면 길다고 알아차리고, 거칠면 거칠다고 알아차리기만 하면 됩니다. 호흡의 길이나 세기에 신경 쓰지 말고, 단지 저절로 일어나는 호흡을 놓치지 않고 지속적으로 알아차리려고만 노력하십시오.

마음이 고요하고 편안한 상태에서 호흡을 알아차릴 수 있도록 노력하십시오. 그 어떤 것도 생각하지 마십시오. 유일하게 해야 할 일은 들숨과 날숨에 의식을 집중해서 그것을 알아차리는 것밖에 없습니다. 명상 중에는 그것 이외에 해야 할 것이 아무 것도 없습니다. 저절로 일어나는 들숨과 날숨에 의식을 집중해서 그것을 계속 알아차림 해 가십시오. 매 호흡의 시작과 끝, 그리고 그 중간을 알아차림 해 가십시오. 들숨의 시작점과 끝점, 그리고 그 중간을 알아차림 해 가십시오. 날숨의 시작점과 끝점, 그리고 그 중간을 알아차림 해 가십시오. 여기서 시작점과 중간, 끝점은 코끝, 가슴, 복부 등 신체의 특정 부위를 말하는 것이 아니라 시작하는 순간과 끝나는 순간, 즉 호흡의 시간적인 전개과정을 말하는 것입니다.

처음부터 잘 될 것이라고 기대하지 마십시오. 인내심을 가지고 잘 될 때까지 꾸준히 연습하십시오. 하루 15~30분 정도 매일 연습해 가면 보통 2주 내지 한 달쯤 하면 어느 정도 알아차림이 됩니다. 시작점과 끝점, 그리고 중간이 별 어려움 없이 잘 알아차려지면, 그 점에서 어떤 현상이 일어나는지를 관찰하십시오. 수행자가 주의를 기우려서 관심을 가지고 관찰을 통해 들숨과 날숨에 대해 매 순간 뭔가를 알아내려고 노력하지 않으면, 관찰 대상이 늘 똑 같이 보여서 마음이 해태(懈怠)나 방일(放逸) 또는 혼침(昏沈)에 떨어지기가 쉽습니다. 마음이 호흡에 집중된 상태에서 뭔가를 알아내려는 열의를 가지고 관찰해야 더 높은 단계로 나아갈 수 있습니다. 이 때 열의는 너무 강하면 안 됩니다.

마음이 고요히 쉬어진 상태에서 은근하게 열의를 가져야 합니다. 이 세 점에 의식을 집중해서 관찰해가면 온갖 근심 걱정에서 벗어나게 됩니다. 그 외에 어떤 것도 생각하지 말고, 단지 호흡에 의식을 집중하십시오. 하지만 틀림없이 중간에 생각이 끼어들어서 이런 저런 이야기를 할 것이고, 그대를 산만하게 만들 것입니다. 하지만 그런 생각이나 생각의 내용에 관심을 두지 마십시오. 생각이 끼어드는 순간, 생각이 끼어들었다는 사실을 알아차림 해가기만 하십시오. 하지만 알아차리려는 노력이 부족하거나 아직 알아차리는 힘이 부족하여, 즉각 알아차리지 못 하고 한참 뒤에 알아차리는 경우가 많을 것입니다. 그러나 이 때 실망하거나 짜증을 낼 필요는 없습니다. 적어도 6개월 정도는 꾸준히 노력하여, 알아차림이 확립되어야 잘 알아차릴 수 있기 때문입니다. 지금은 무명(無明)에서 벗어나서 알아차림으로 돌아왔기 때문에 뒤늦게라도 알아차렸다는 사실만으로도 기뻐해야 합니다. 만약 그런 상황에서 짜증이 나거나 기분이 안 좋아진다면, 마음에 과분한 욕심이 있기 때문입니다. 중간에 생각이 끼어들기 마련이고, 그 생각을 알아차리기만 하면 되는데, 생각이 끼어들지 말았으면 하고 자신의 분수에 맞지 않는 과분한 욕심을 부리고 있기 때문입니다. 욕심, 짜증, 화, 혼침, 들뜸, 수행방법에 대한 의심 등을 '지혜 계발을 가로막는 다섯 가지 장애요인[오개五蓋]'이라고 합니다. 이런 장애요인이 있으면, 지혜가 계발되지 않습니다.

생각이 일어날 때 일어난 생각을 억지로 없애려고 할 필요는 없습니다. 단지 일어난 생각이 사라질 때까지 지켜보면서 관찰하기만 하면 됩니다. 관찰할 때 생각의 내용은 중요하지 않습니다. 그러니 단지 일어난 생각이 어떻게 변하는지만 주의 깊게 관찰하면 됩니다. 관찰하여, 그것이 완전히 사라지고 나면, '생각이 사라졌다'고 이름을 붙이면서 사라진 것을 확인한 뒤에 의식을 호흡으로 되돌려서 다시 호흡을 알아차림 해가면 됩니다. 이런 식으로 계속 많이 닦으면, 집중력과 알아차리는 힘이 점점 좋아져서 알아차림이 확립되고[277], 지혜가 완성됩니다.[278]

위빠사나 관찰법

위빠사나 지혜를 계발하기 위해서는 "나"라고 하는 한 대상에 마음을 고정시켜서[止지] "나"를 지속적으로 관찰해가야 한다[觀관]. 그럼 "나"를 관찰한다는 것은 어떻게 하는 것인가? 그것은 자신의 몸과 마음에서 인연에 의해 일어났다가 사라지는 현상들[279]을 관찰하는 것이다. 몸동작, 호흡, 몸의 감각들, 마음의 느낌들, 몸과 마음에서 일어났다가 사라지는 현상들을 관찰해간다. 하지만 초심자는 관찰을 잘 할 수 없기 때문에 끊어지지 않고 그것들을 계속 알아차림 해가기만 하면 된다. 위빠사나는 '나를 잘 관찰해본다'는 뜻이고, 위빠사나는 '나를 객관적으로 관찰해본다'는 뜻이다. 왜냐하면 위빠사나(vipassanā)의 "위(vi)"는 '거리를 두고 떨어져서', '멀리서', '객관적으로' 등의 뜻이고[280], "빠사나(passanā)"는 '본다'는 뜻이기 때문이다.[281] 나를 잘 관찰하기 위해서는 내 몸과

---

277 여기서 "알아차림이 확립된다"는 것은 "알아차림이 습관이 된다"는 뜻이다.
278 이 호흡관찰명상법은 필자가 초심자를 지도할 때 하는 맨트를 글로 옮긴 것이고, 이것은 아함경의 내용을 소화하여 재구성한 것이다.
279 인연에 의해 일어났다가 사라지는 현상들을 '존재의 다섯 요소[오온]'라고 할 수 있다.
280 〈한역대조 범화대사전〉 제1198쪽 및 〈Oxford Sanskrit-English Dictionary〉 제949쪽 참조. 이 두 사전을 보면 vi는 離(리), 分離(분리), 隔(격), 遠(원), apart, away, away from, off 등의 뜻으로 설명되어 있다. 산스크리트어 vi의 반대말은 sam(삼)이다.

생각과 감정에 몰입되지 않고, 그것들 밖으로 나와서 그것들이 어떤 것인지 관찰을 통해 객관적으로 이해해 들어가야 한다. 그러기 위해서는 내 동작과 몸의 감각, 느낌, 인식 등을 계속 관찰해가야 하고, 마음이 관찰대상인 자신의 몸과 마음에서 떨어지지 않도록 몸과 마음을 계속 지켜보고 있어야 한다. 그러기 위해서는 끊임없이 매순간 노력하여, 자신의 몸과 마음에서 일어나고 있는 현상을 알아차리고 있어야 한다.

관찰을 잘 하려면 우선 알아차림이 되어야 한다. 가령 내 몸을 움직이거나 어떤 동작을 취할 때는 그 동작 하나 하나를 다 알아차리고, 동작을 하지 않을 때에도 어떤 현상이 일어나도 일어나기 마련인데, 내 몸과 마음에서 일어나고 있는 현상을 알아차리고 있어야 한다. 특별히 알아차릴 행위가 없다면, 호흡을 알아차리고 있으면 된다. 또 몸에 통증이나 가려움 등의 어떤 현상이 일어나면, 그 현상을 알아차리고, 그 대상에 머물면서 충분히 그 현상을 느껴보고, 사라질 때까지 그 변화과정을 지켜보면서 관찰해간다. 그렇게 관찰을 지속해가면 집중력이 향상되고, 향상된 집중력으로 더 깊이 관찰할 수 있게 된다. 이렇게 관찰해가다가 보면 보이지 않던 것들이 하나씩 보여 온다. 그러면 많은 경에서 '모든 존재'로 표현되어 있는 눈, 귀, 코, 혀, 몸, 의식 등의 감각기관과 그 대상인 형상, 소리, 냄새, 맛, 촉감, 마음에서 일어났다가 사라지는 현상들[法]을 만나고, 그 사이에서 일어나는 물질현상과 정신현상을 볼 수 있게 된다. 그 현상들로부터 모든 번뇌가 나오고, 모든 괴로움이 나오게

---

281 빠사나(passanā)의 동사원형은 빠쓰(pass)이고, 이것은 관찰하다, 응시(凝視)하다, 주의(注意)하다, 방관(傍觀)하다, 고찰하다, 마음의 눈으로 보다, 발견하다 등의 뜻으로, 見(견), 觀(관), 省(성), 觀察(관찰) 등으로 한역되어 있다. 〈한역대조 범화대사전〉 제768쪽 참조

된다는 사실을 알게 된다. 거기서 들뜨거나 멈추지 않고 계속 관찰해가면, 마침내 최고로 밝은 지혜인 반야가 완성되어서 존재의 다섯 요소[오온]는 다 실체가 없는 것들임을 꿰뚫어볼 수 있게 된다. 그러면 더 이상 그 어떤 것에도 집착하지 않게 되고, 집착하여 취하지 않음으로써 선(善)한 업(業)도 악(惡)한 업도 짓지 않는다. 모든 감각기관이 작동되지 않고 완전히 닫힌다. 그러면 열반을 성취하여, 그 어떤 괴로움도, 즐거움도 없게 되고, 죽은 뒤에 다음 존재를 받지 않게 된다[不受後有불수후유]²⁸².

지혜의 밝기를 향상시켜가는 것이 수행이다. 집중의 정도와 관찰한 시간의 길이에 따라서 지혜의 밝기가 달라진다

이와 같이 반야지혜는 내 몸과 마음에서 일어나고 있는 생멸(生滅)현상을 밝게 아는 마음작용이다. 지혜의 밝기를 향상시켜가는 것이 위빠사나 수행이다. 존재의 다섯 요소[오온]는 다 실체가 없는 것들[空공]임을 꿰뚫어보려면, 삼매에 들어서 지속적으로 알아차림 해감으로써 지혜를 계발, 완성해가야 한다. 지혜의 밝기는 집중의 정도와 관찰한 시간의 길이에 따라 결정된다. 집중과 관찰을 깊이 오래 하면 할수록²⁸³ 더 밝은 지혜가 계발되어 나온다. 하루 종일 집중과 관찰을 잘 하는 사람은 시작한 지 한 두 달 만에 밝은 지혜를 체험하는 경우를 종종 본다. 이러한 의미로 부처님께서는〈염처경(念處經)〉²⁸⁴의 끝 부분에서 다음과 같이 말했다.

---

282 "不受後有(불수후유)"는〈아함경〉의 작은 경들 끝에 많이 나오는 표현이다. 이것은 열반을 성취하면, 죽은 뒤에 다음 존재를 받지 않고 영원히 소멸된다는 뜻이다.
283 여기서 '집중을 오래 깊이 한다'는 말은 '집중하여 오래 동안 깊이 관찰해간다'는 뜻이다.

"만약 어떤 비구, 비구니가 7년 동안만 알아차림을 확립하여, 사념처에 머물러서 제대로 알아차림 해가면, 그는 반드시 다음 두 과위(果位) 중 하나를 성취한다. 현세에서 최상의 완전한 지혜를 얻어서 아라한과(阿羅漢果)를[285] 성취하거나 그렇지 않고 아직 닦을 것이 남아 있다면 아나함과(阿那含果)를[286] 성취한다.

7년은 그만두고 6년, 5, 4, 3, 2, 1년만 알아차림을 확립하여, 사념처에 머물러서 제대로 알아차림 해가도 반드시 위의 두 과위 중 하나를 성취한다.

1년도 그만두고 7개월만 알아차림을 확립하여, 사념처에 머물러서 제대로 알아차림 해가도 반드시 위의 두 과위 중 하나를 성취한다.

7, 6, 5, 4, 3, 2, 1개월도 그만두고, 어떤 비구 비구니가 1주일 낮 밤만이라도 알아차림을 확립하여, 사념처에 머물러서 제대로 알아차림 해가도 그는 반드시 위의 두 과위 중 하나를 성취한다.

1주일 낮 밤도 그만두고 6, 5, 4, 3, 2일, 하루 낮 밤만이라도, 아니 하루 낮 밤도 그만두고, 잠깐만이라도 알아차림을 확립하여, 사념처에 머물러서 아침에 이와 같이 알아차림 하면 저녁에는

---

284 〈염처경〉은 〈중아함경〉 속에 있는 경으로서 〈대념처경〉과 더불어 위빠사나 관찰수행법을 가장 잘 설명해주는 경이다.

285 아라한은 최상의 도를 깨달아서 열반을 성취한 분이다. 아라한이 되면, 탐진치(貪瞋痴)가 완전히 다 끊어져서 번뇌가 없는 삶을 살게 된다. 아라한은 번뇌가 없음으로써 다음 생(生)을 받지 않는다.

286 수다원, 사다함, 아나함, 아라한 4도(道) 중 위에서 두 번째 과위가 아나함이다. 아나함은 미세한 번뇌가 아직 남아 있어서 열반은 성취하지 못 했지만, 색계(色界)는 이미 뛰어넘은 상태다. 그래서 다시는 이 세상에 태어나는 일은 없고, 얼마 안 있어서 미세하게 남아있는 번뇌마저 다 제거하여, 아라한이 될 분이다.

반드시 알아차림 한 만큼 진전을 얻게 되고, 저녁에 이와 같이
알아차림 하면 다음날 아침에는 반드시 알아차림 한 만큼 진전
을 얻게 된다."

위의 경에서는 알아차림을 확립하여, 1주일 낮 밤만 끊어지지 않
고 사념처에 머물러서 제대로 알아차림 해가면, 아나함이나 아라
한과를 성취할 수 있다고 말한다. 이것은 허황된 말이 아니고, 직
접 해보고 하시는 부처님 말씀이다.
끝으로 대본〈반야심경〉을 읽으면서 이 책을 끝내고자 한다.

〈지혜를 완성하는 수행방법의 핵심을 말해주는 경〉

당 삼장사문 지혜륜(智慧輪) 한역
사문 관정(觀頂) 한국말 번역
이와 같이 내가 들었다. 한 때 바가범께서는 큰 비구의 무리와
대보살의 무리와 함께 왕사성 취봉산에 머물고 계셨다.
그 때 세존께서는 '매우 깊고도 밝게 비추어봄'이라는 삼매에
들어 있었다. 이 때 대중 가운데 관찰에 통달한 '관자재'라는 대
보살이 한 명 있었다.
관자재보살이 존재의 다섯 요소[오온]를 관찰해가며, 깊은 지혜
를 완성하는 수행에 전념하고 있을 때, 그것들은 다 실체가 없는
것들[空공]임을 꿰뚫어보고, 모든 괴로움에서 벗어나게 되었다.
[이 때 사리불 존자가 부처님의 불가사의한 힘에 의해 합장 공
경하고, 관자재보살에게 물었다. "만약 선남자가 깊은 지혜를
완성하는 수행을 하려고 하면, 어떤 방법으로 수행해야 합니
까?" 이렇게 묻자 관자재보살이 말했다. "사리불 존자여, 만약
선남자 선여인이 깊은 지혜를 완성하는 수행을 하려고 하면, 존

재의 다섯 요소를 관찰하여, 그것들은 다 실체가 없는 것들임을 꿰뚫어봐야 합니다.")

사리불 존자여! 몸의 물질현상[色색]은 실체가 없는 것[空공]과 다르지 않고, 실체가 없는 것[空공]은 몸의 물질현상[色색]과 다르지 않습니다. 몸의 물질현상[色색]은 실체가 없는 것[空공]이고, 실체가 없는 것[空공]이 몸의 물질현상[色색]입니다. 몸의 물질현상[色색]과 마찬가지로 느낌[受수], 인식[想상], 업 지음[行행], 식별작용[識식]도 또한 실체가 없는 것들입니다.

사리불 존자여! 이 모든 존재가 다 소멸된 적멸상태에는 일어나는 것도 없고, 사라지는 것도 없습니다. 또 더러움도 없고, 더러움에서 벗어난 것도 없으며, 부족함도 없고, 완전함도 없습니다. 그러므로 적멸상태엔 몸의 물질현상도 없고, 느낌, 인식, 업 지음, 식별작용도 없습니다. 또 눈, 귀, 코, 혀, 피부, 의식 등의 감각기관도 없고, 형상, 소리, 냄새, 맛, 촉감, 마음에서 일어났다가 사라지는 것들[法법]도 없습니다. 또 '눈'이라는 요소에서부터 '의식의 식별작용'이라는 요소에 이르기까지 그 어떤 인식작용의 구성요소도 없습니다. 또 무명(無明)도 없고, 무명이 다 소멸된 것도 없으며, 내지 늙고 죽는 것도 없고, 늙고 죽는 것이 다 소멸된 것도 없습니다. 괴로움도 없고, 괴로움의 원인도 없으며, 열반도 없고, 열반에 이르는 길도 없습니다. 또 지각작용[智지]도 없고, 의식의 대상을 취하는 것[得득]도 없습니다. 의식의 대상을 취하는 것이 없음으로써 깨달음을 추구하는 중생은 지혜를 완성하는 수행법에 의해 삼매에 들어 있기 때문에 마음에 걸림이 없습니다. 마음에 걸림이 없기 때문에 두려움이 없으며, "나"라는 잘못된 인식에서 영원히 벗어나서 열반을 성취합니다.

관자재보살뿐만 아니라 과거, 현재, 미래세의 모든 부처님들도

다 이 지혜를 완성하는 수행법에 의해 최상의 완전한 깨달음을 성취합니다. 그러므로 지혜를 완성하는 수행법은 대단히 신묘(神妙)하고도 밝은 방법이고, 그 어떤 것과도 비교할 수 없는 최고의 방법이며, 실제로 모든 괴로움을 다 없앨 수 있기 때문에 거짓말이 아님을 알아야 합니다.

지혜완성의 진실한 말씀[眞言,呪주]을 말하면 다음과 같습니다. 「가신 분이시여! 가신 분이시여! 열반으로 가신 분이시여! 적멸과 하나 되어 열반으로 가신 분이시여! 깨달음을 믿습니다.」 "이와 같이 사리불 존자여, 모든 대보살이 깊은 지혜를 완성하는 수행을 할 때는 이와 같은 방법으로 해야 합니다." 이 때 세존께서는 삼매에서 깨어나서 관세음자재보살을 칭찬해 말씀하셨다. "정말로 훌륭하다. 선남자여! 이와 같고, 이와 같도다. 방금 그대가 말한 것처럼 깊은 지혜를 완성하는 수행을 할 때는 이와 같은 방법으로 해야 한다. 이와 같은 방법으로 수행할 때 모든 여래가 다 따라서 기뻐할 것이다."

이 때 세존께서 이와 같이 말씀하시자, 사리불 존자와 관자재보살과 그 법회자리에 있던 세간의 모든 신들[梵天범천]과 사람들, 아수라, 건달바 등이 다 부처님 말씀을 듣고, 매우 기뻐하며, 받아들여서 받들어 수행했다.

이와 같이 〈반야심경〉은 깊은 지혜를 완성하는 수행방법을 말해주고 있다. 〈반야심경〉은 "깊은 지혜를 완성하여, 모든 괴로움에서 벗어나기 위해서는 자신의 몸과 마음에서 일어나고 있는 현상을 관찰하여, 그것들은 다 실체가 없는 것들임을 꿰뚫어봐야 한다"고 말해주고 있다.

(부록)〈반야심경 정해〉의 목차

참고문헌

1. 〈고려대장경〉제5권 동국역경원. 2002

2. 〈대정신수대장경〉제8권 대정신수대장경간행회. 1962

3. 〈불교사전〉운허용하. 동국역경원. 1979

4. 〈불교학대사전〉전관응 대종사 감수. 홍법원. 1990

5. 〈불교·인도사상사전〉김승동 편저. 부산대학교출판국. 2,000

6. 〈불교대사전〉한국불교대사전편찬위원회 편찬. 명문당. 1999

7. 〈종교학대사전〉편집부 편찬. 한국사전연구사. 1998

8. 〈한역대조범화대사전漢譯對照梵和大辭典〉일본 鈴木學術財團. 1966

9. 〈Oxford Sanskrit-English Dictionary〉Sir Monier Monier-Williams. Oxford. 1979

10. 〈범본 영역주 금강경·심경 梵本 英譯註 金剛經‥心經 Buddhist Wisdom Books〉GEORGE ALLEN & UNWIN LTD. 1958

11. 〈해설 반야심경〉이청담 설법. 보성문화사. 1994

12. 〈반야심경 강의〉광덕 지음. 불광출판부. 1998

13. 〈반야심경·화엄경 약찬게〉오고산 강술. 보련각. 1999

14. 〈예불문과 반야심경〉무비 스님 풀이. 불일출판사. 1993

15. 〈반야심경〉이기영 역해. 한국불교연구원. 1979

16. 〈니까야로 읽는 반야심경〉이중표 역해. 불광출판사. 2017

17. 〈반야심경〉야마나 테츠시(山名哲史) 지음. 최성현 옮김. 불광출판사. 2020

18. 〈반야심경〉정성본. 한국선문화연구원. 2010

19. 〈스무살 반야심경에 미치다〉김용옥 지음. 통나무. 2019 등 다수

이 책의 모체인 **〈반야심경 정해〉**는 〈반야심경〉의 산스크리트어본과 8종의 한역본을 연구하여, 〈반야심경〉을 누구나 이해할 수 있는 언어로 번역했다. 〈반야심경 정해〉는 많은 경과 논(論)을 인용하여, 그동안 알 수 없었던 〈반야심경〉 구절의 뜻이 무엇인지 명쾌하게 밝혀 놓았다.

〈반야심경 정해〉 책 판매처 : 인터넷서점 및 교보문고, 조계종출판사 등

관정 (觀頂, 조성래)

사문
대한불교조계종 대종사이신 통도사 반야암 지안 스님을 은사로 모시고 출가했다.
1959년 경남 함안 태생
부산대학교 영어영문학과 졸업
1979년 부산대학교 불교학생회에 가입 후 지금까지 선수행과 불전연구를 해왔다.
1985년 전국 대학생 학술연구발표대회 (문교부후원, 동아대학교주관)에 〈금강경 국역본에 나타난 문의미 (文意味) 변이와 그 원인분석〉이란 논문을 발표하여, 우수논문상을 수상했다. 그 논문에서 8종의 〈금강경〉한역본(漢譯本)과 산스크리트어본을 연구하여, 잘못 국역(國譯)된 것들을 모두 바로잡았다.
선(禪)수행 40년 (20안거)
해운대고등학교 영어교사 10년
위빠사나금정선원 운영
유튜브 〈관정스님 반야심경 강의〉

반야심경, 무슨 말을 하고 있나

2022년 5월 1일 초판 1쇄 발행
2023년 2월 1일 초판 2쇄 발행
지은이   관정 스님
북디자인   정병규디자인 · 허정수
펴낸이   조성래
펴낸곳   알아차림
주소   부산시 금정구 구서중앙로 20, 8동 1309호(구서동, 선경@)
전화   051) 516-0093
팩스   051) 516-0094
e-mail   david1080@hanmail.net
출판등록   2013년 2월 6일
ISBN   979-11-950150-5-4
정가   16,000원